基本の78パターンで
英会話フレーズ800

パターンがわかればどんどん話せる！

伊藤 太
Gary Scott Fine

西東社

はじめに

「日常会話」と「日常の会話」の違い

　本書執筆にあたって私たちは「日常の会話」に重心をおくことにしました。と聞くと、「なあんだ、じゃあビジネスには使えないのか」と思う方もいるかもしれません。しかし、それは違います。

　私たちの多くは、日常の空間や人間関係（職場や学校、家族、友人知人等）の中で「職場や学校での出来事や会話を、家族や友人と」あるいは反対に「家族や友人のことを、職場や学校で」話し合っています。つまり、私たちが日常行っている会話の多くは、いわゆる「日常会話」よりもずっと広く、さまざまな場面はブツ切れではなくむしろ「つながって」いるのです。

　こうした「普段行っている会話」、つまり「日常の会話」こそが、実は（特に大人にとっては）、英会話でも最も楽しく自然に、かつ効果的に学びやすいと、私たちは考えています。

「ブツ切れ学習」「面白くない勉強」の限界

　しかし、これまでの皆さんの英語学習の実態はどうでしょう。学校の教科書でも一般の英会話本でも、多くは（特に後者は）、「空港」「税関」「ホテル」など場面はブツ切れ（またはコマ切れ）に設定されています。つまり、これらは幸か不幸か、「特定の各場面で必要な言い方をすべて暗記する」構造になっているのです。

　初めは「ためになってうれしい」と思っても、次第に「必要な言い方を暗記する」ことに疲れが生じ、「別に自分が言いたいとも思わないことを『この場面では必要』という理由で暗記しなければならない」状態になってしまうと、なかなか長く続けるのが難しくなります。

「"HAVE TO" ワールド」と「"WANT TO" ワールド」

　このように皆さんの多くは、一種の義務感や強迫観念を心のどこかに抱えながら、そしてけっこう苦しみながらも、「必要なことを覚えなければ」と学習していたのではないかと思うのです（これを「"HAVE TO" ワールド」と呼びましょう）。

「仕事も勉強も楽しい方がいい」ですよね。その方がやる気も起きるし、やりがいもあるし。結局、苦しいものよりも楽しいものの方が長続きするし、その分、結果も出やすいということになります。

　上記でふれたように、私たちの「日常の会話」は、ブツ切りされた各場面でそれ特有の表現を使って行われているわけではありません。実際には、「自分が伝えたいこと」「相手が自分に伝えたいこと」「互いに共有したいこと」でその大半が成り立っています。つまり、「会話すべき」ことよりも「会話したい」ことで母国語の会話が成り立っているのです（「"WANT TO" ワールド」）。

　ところが、なぜか「英会話」になると、「覚えるべき」「こういうべき」という「"HAVE TO" ワールド」に陥ってしまうようです。

「伝えたいこと」「自分で言ってみたいこと」を増やす方が楽しい

　本書のフレーズパターンの選択と、各例文の作成にあたっては、読者のみなさんが「これ面白い、使ってみたい」と感じたり、「これ言ってみたいんだよね」と思ったりしていただけるよう趣向を凝らしました。また、本書は、英語を楽しく話せるようにと、必死で考えた渾身のギャグ満載です。とはいえ、「日常の会話」の範囲・程度内ですので、ご安心ください。

　それでは、読者の皆さんが「自分で言いたいこと」を言える喜びを感じ、それによって皆さんの英会話力が大きく向上することを願い、ひとまず筆をおくことにします。

　この本を手に取ってくださった読者の皆さまに心からのお礼を申し上げます。

　　　　　　　　著者
　　　　　　伊藤　太　　**Gary Scott Fine**

基本の78パターンで英会話フレーズ800 目次

はじめに ……………………………………………………………… 2
本書の使い方 ………………………………………………………… 8

CHAPTER 1　まずは話の糸口をつかむ！　会話のきっかけ 17 パターン

01　Could you ～?　～していただけますか ……………………10
02　Thank you for ～　～をありがとう …………………………12
03　Excuse me　すみません …………………………………………14
04　What's up?　最近どう？／何かあったの？ …………………16
05　What's wrong?　何かあったの？ ……………………………18
06　You look ～　～のようだね ……………………………………20
07　How was ～?　～はどうだった？ ……………………………22
08　How's ～ going?　～はどうなってる？ ……………………24
09　How did you ～?　どうやって～したの？ …………………26
10　I'm glad to ～　～してうれしいです ………………………30
11　Have you ～?　～したことがありますか …………………32
12　be interested in ～　～に興味があります …………………34
13　What a ～!　なんという～！ …………………………………36
14　How can ～?　どうすれば～できるのか／～できるはずがない …38
15　How come ～?　どうして～なの？ …………………………40
16　That's because ～　それは～だからです …………………42
17　That's why ～　だから～ってわけ ……………………………44

CHAPTER 2 一歩踏み込んで自己表現！気持ちが伝わる21パターン

18	**I wanna ～**	～したい	50
19	**Let me ～**	～させて	52
20	**How about ～?**	～はどう?	54
21	**Why don't you ～?**	～したらどうですか	56
22	**Would you ～?**	～してもらえませんか	58
23	**I hate ～**	～が嫌い	60
24	**I hope ～**	～を願います	62
25	**I have to ～**	～しなければならない	66
26	**I need to ～**	～する必要がある	68
27	**You don't have to ～**	～しなくていい	70
28	**Should I ～?**	～すべきですか	72
29	**I want ... to ～**	…に～してほしい	74
30	**I'd like to ～**	～したい	76
31	**I'd rather ～**	むしろ～したい	78
32	**I can't help ～**	～せざるをえない	82
33	**I'm dying ～**	～したくてたまらない	84
34	**I'm willing to ～**	喜んで～する／～する覚悟がある	86
35	**I wonder ～**	～だろうか	88
36	**I wish ～**	～ならいいのに	90
37	**If only ～**	～でさえあればいいのに	92
38	**What if ～?**	もし～ならどうする?	94

CHAPTER 3

かゆいところに手が届く！言えると助かる 21 パターン

39 **Do you mind ～?** ～していただけませんか……98
40 **I was wondering if ～** よろしければ～していただけますか……100
41 **Do you know＋疑問詞 ～?** ～か知っていますか……102
42 **疑問詞＋do you think ～?** ～は…だと思いますか……104
43 **be[look/seem] like ～** ～のようだ……106
44 **feel like ～** ～したい気がする……108
45 **forget to ～** ～し忘れる……110
46 **Tell me ～** ～を話してください……114
47 **I told you ～** ～だって言ったでしょ……116
48 **I know you ～** あなたが～なのはわかってます……118
49 **I never thought ～** まさか～とは思わなかった……120
50 **I managed to ～** なんとか～できました……122
51 **should have ～** ～すればよかった……124
52 **might have ～** ～だったかもね……126
53 **That's what ～** それが～というものです……130
54 **That's how ～** そのように～する……132
55 **It doesn't matter ～** ～だろうと関係ない……134
56 **used to ～** よく～したものだ／～だった……136
57 **would ～** よく～したものだ……138
58 **I've never ～** ～したことがない……140
59 **I'm in ～** ～中です……142

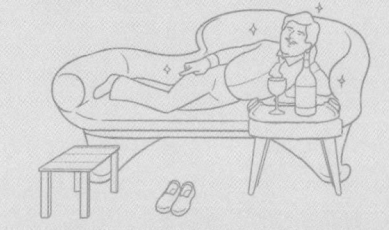

CHAPTER 4 こなれた会話もお手の物！ デキる大人の19パターン

- 60 **I'm on 〜** 〜しているところです ……………………… 146
- 61 **It seems 〜** 〜のようだ ……………………………… 148
- 62 **I'm sure 〜** きっと〜だ／〜だと確信している ………… 150
- 63 **I'm afraid 〜** 〜ではないかと思う／残念だが〜 ……… 152
- 64 **I'm sorry 〜** 〜でごめんなさい／〜は残念です ……… 154
- 65 **I'm sorry to 〜** 〜してすみません ……………………… 156
- 66 **I'm tired 〜** 〜にはうんざり／〜して疲れている …… 158
- 67 **I'm used to 〜** 〜には慣れている ……………………… 160
- 68 **I'm ready 〜** 〜の準備ができている ………………… 162
- 69 **I'm eager to 〜** ぜひ〜したい …………………………… 164
- 70 **It would be better if 〜** 〜した方がいいです ……… 168
- 71 **I'd appreciate it if 〜** 〜だとありがたいのですが … 170
- 72 **I take the liberty of 〜** 勝手ながら〜 ……………… 172
- 73 **It's time to 〜** 〜する時間です ………………………… 174
- 74 **every time 〜** 〜のたびに ……………………………… 176
- 75 **It depends 〜** それは〜によります …………………… 178
- 76 **have no choice but 〜** 〜するしかない ……………… 180
- 77 **What I'm saying is 〜** 要するに〜 …………………… 182
- 78 **thanks to 〜** 〜のおかげで ……………………………… 184

「使える」動詞型	ネイティブ式助動詞の使い方
① **care** ……… 28	① **will** と **be going to** …… 48
② **work** ……… 46	② **could** と **was able to** …… 96
③ **meet** ……… 64	③ **should** と **had better** …… 144
④ **pass** ……… 80	日本語と英語の感覚の違い ……… 128
⑤ **call** ……… 112	その英語、ちょっとヘンです！ …… 166
	「使える」慣用表現㊻ ……………… 186

本書の使い方

【本書に登場するアイコン】

★　　　フレーズ中の語句の説明です。

❶　　　フレーズを使う場面の紹介や、注意点などの一口メモ。

Exercise!　そのページのパターンを使っての練習コーナーです。
　　　　　会話形式のフレーズで練習してみましょう。

◀01))　　ダウンロード音声のトラックナンバーです。
　　　　　英語の次に日本語を収録しています。

【音声ダウンロードについて】

本書購入特典として、フレーズの音読データを無料でダウンロードしてご利用いただけます。

パソコンで下記の URL にアクセスし、ダウンロードしてご利用ください。

http://www.seitosha.co.jp/eigo/pattern.html

※ ダウンロードできるのは、圧縮されたファイルです。ダウンロード後解凍してご利用ください。

※ 音声ファイルは MP3 形式です。Windows Media Player や iTunes 等の再生ソフトを使って再生してください。

※ ご使用の機器やインターネット環境等によっては、ダウンロードや再生ができない場合があります。

※ 本音声データは、一般家庭での私的利用に限って頒布するものです。法律で認められた場合を除き、著作権者に無断で本音声データを改変、複製、放送、配信、転売することは禁じられています。

※ 本特典（音声データ）は、告知なく配布を中止する場合があります。

CHAPTER 1

> まずは話の糸口をつかむ！

会話のきっかけ 17 パターン

会話で大事なのは「相手に質問する」「思ったことを伝える」の二点。
このポイントさえおさえておけば、
簡単なフレーズでどんどん話が広がっていきますよ。
それでは、"Hello." の先にある一言を見ていきましょう。

Phrase 01

Could you ～?
～していただけますか

Could you give me a hand?
》手伝っていただけますか。

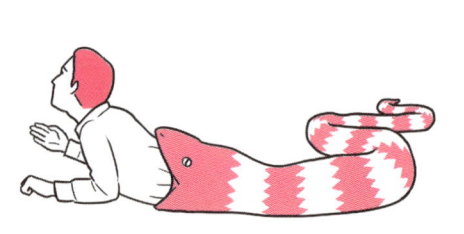

→ 丁寧な口調で**頼み事を伝えるときに使う**フレーズです。
"<u>Can you</u> give me a hand?"「手伝ってもらえますか」よりも
"<u>Could you</u> give me a hand?"「手伝っていただけますか」
の方が丁寧です。

→ "please"をつけると**より丁寧で頼みにくいことも伝えやすい**です。
"Could you <u>please</u> explain the reason?"「その理由を説明していただけますか」"Could you <u>please</u> speak more slowly?"「もっとゆっくり話していただけますか」という具合です。

あなたのための「伝わる」一言

☐ **Could you** wait a little**?**
少しお待ちいただけますか。

☐ **Could you** briefly introduce yourself**?**
簡単に自己紹介していただけますか。

★ briefly 簡単に

☐ **Could you** tell me a little about your business**?**
お仕事について少し教えていただけますか。

☐ **Could you** give me a discount**?**
値引きをしていただけますか。

★ give 〜 a discount 値引きする

☐ **Could you** please be more specific**?**
もっと具体的に話していただけますか。

★ be specific 具体的に話す

☐ **Could you** do it ASAP**?**
なる早でお願いできますか。

★ ASAP = as soon as possible なるべく早く
発音 "エイエスエイビー" "エイサップ"

☐ **Could you** come in to the office by noon**?**
正午までにオフィスにお越しいただけますか。

Exercise! こんなとき、なんと言う?

☐☐ ☐☐ **call back later?**
後で電話をかけ直していただけませんか。

Certainly.
かしこまりました。

回答例：Could you call back later?

Phrase 02

Thank you for ～
~をありがとう

Thank you for your advice. 》アドバイスをありがとう。

➡ thank you は日本語の「ありがとう」のように頻繁に使われます。会話を始めるとき、あいさつ代わりに "How are you?"「元気？」と様子をたずねられた場合にも、"Thank you for asking. I'm OK."「ありがとう。元気だよ」と、thank you は自然に使います。thanks は少しくだけた感じです。

➡ Thank you for ～. の for の後には必ず名詞／動名詞がきます。
"Thank you for your kindness."「親切にありがとう」
"Thank you for inviting me."「招待ありがとう」という具合です。

あなたのための「伝わる」一言

☐ **Thank you for** your message.
　メッセージをありがとう。

> ❗ メールへの返事でよく使います。

☐ **Thank you for** asking, though.
　でも、お気遣いありがとう。

> ❗ 親切な申し出などを断るときに添える一言。

☐ **Thank you for** coming all the way here.
　わざわざお越しいただいてありがとうございます。

> ★ all the way はるばる

☐ **Thanks for** nothing.
　大きなお世話です。

☐ **Thank you for** your understanding.
　ご理解ありがとうございます。

> ❗ you've = you have の短縮形

☐ **Thank you for** all you've done.
　いろいろとしてくれてありがとう。／大変お世話になりました。

☐ **Thank you** very much **for** your kind comments.
　親切なコメントを本当にありがとうございます。

Exercise! こんなとき、なんと言う?

☐ ☐ ☐ **your help.**
助けてくれてありがとう。

My pleasure.
どういたしまして。

回答例：Thank you for **your help.**

Phrase 03

Excuse me
すみません

> **Excuse me.**
> This is my floor!
> 》すみません。この階で降ります!

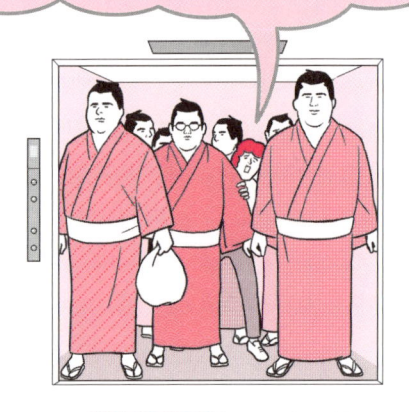

➡ まさに日本語の「**すみません**」のように使えるフレーズです。
日常的に一番多いのは、電車の中でちょっと肩が触れたときなどに "Excuse me." 「あっ、失礼」と軽く謝ったり、声をかけたりするような使い方です。

➡ 代表的な使い方を押さえておきましょう。
① **Excuse me. Does this train go to Chicago?**「すみません。この列車はシカゴに行きますか」 初対面の場合は "Excuse me." で止めて、"Yes?" などの反応を待つ方がよいでしょう。
② **Excuse me, but could you shut the door?**「すみませんが、ドアを閉めてもらえますか」 butをつけた方が丁寧です。

あなたのための「伝わる」一言

☐ **Excuse me**. Could you give me a hand?
すみません。手伝っていただけますか。

☐ **Excuse me** for a moment.
すみません、ちょっと失礼します。

☐ **Excuse me**?
なんですって？

❗ ちょっと語気を強めて抗議する感じです。

☐ **Excuse me**, but could you repeat that?
すみませんが、もう一度言ってもらえますか。

☐ **Excuse me**. Where is the restroom?
すみません。トイレはどこですか。

★ restroomトイレ

☐ **Excuse me**, but I have to go now.
すみませんが、もう行かないといけません。

☐ **Excuse me**, but do you have the time?
すみませんが、時間がわかりますか。

❗ the を抜かすと「時間がありますか。」となるので注意。

Exercise! こんなとき、なんと言う?

_____ _____. **Can you take a picture of us?** すみません、写真をとってもらえますか。

Sure. いいですよ。

回答例：Excuse me.

Phrase 04

What's up?
最近どう？／何かあったの？

> Hi, **what's up?**
> 》やあ、最近どう?

➡ "What's up?" は "What's new?" や "Hi." "Hello." のように**親しい間柄であいさつのように気軽に使う**フレーズです。
"Hi, Kenta, what's up?"「やあ、ケンタ、最近どう？」
"I've been very busy lately."「最近すごく忙しいんだ」
答える方は簡単に近況を伝えると会話の流れが自然になります。

➡ また、"What's wrong?" のように、「どうしたの？」「何かあったの？」と**相手の状況や変化**をたずねる場合にも使います。
"You look tired. What's up?"「疲れてるかな、どうしたの？」
"Not much."「いや、特に何も」という具合です。

あなたのための「伝わる」一言

☐ You're smiling. **What's up?**
楽しそうね。どうしたの？

☐ **What's up** with you?
調子はどう？／一体どうしたのよ。

> ❗ 口調や状況によってはネガティブな意味にもなります。

☐ **What's up** for lunch?
ランチはどうしましょうか。

> ❗ What's up for 〜 ?「〜はどうする？」の意味になります。

☐ **What's up** for the weekend?
週末はどうするの？

☐ Look! **What's up** over there?
ほら見て！あっちで何があるのかしら。

> ❗ 人だかりなどを見て。

☐ **What's up** with that face?
そんな顔してどうしたの？

☐ **What's up** with him? He's quiet as a mouse.
彼はどうしたの？ まるで借りてきた猫ね。

> ★ quiet as a mouse
> 借りてきた猫

Exercise! こんなとき、なんと言う?

[　　　　][　　　　]**? It's three in the morning!** どうしたの？ 夜中の3時だよ。

I just wanted to hear your voice.
ただあなたの声が聞きたかったの。

回答例：What's up?

Phrase 05

What's wrong?
何かあったの？

What's wrong with you?
≫ どうしたの？

➡ "What's up?" が単に「どうしたの？」と相手の状況をたずねるのに対して、"What's wrong?" は「何かあったの？」と相手を心配してその状況や問題をたずねる場合に使います。口調によっては「非難」にもなります。

➡ 〈What's wrong with ＋名詞?〉相手や人を気遣ったり、問題や故障などについてたずねるときに使います。"What's wrong with your wife?"「奥さん、どうかしたのかい」"What's wrong with your car?"「君の車はどこか故障してるの？」という具合です。

あなたのための「伝わる」一言

- **What's wrong?** ❗ 語気が強いと怒っている感じになります。
  何が問題なのよ。／それがどうしたって言うの。

- Excuse me. **What's wrong**, sir**?**
  すみません。どうかされましたか。 ❗ 具合が悪そうな人を見たときなど。
  ★相手が女性の場合は madam/ma'am

- **What's wrong** with your son**?**
  息子さんどうかしたんですか。

- **What's wrong** with your car**?**
  車のどこが調子悪いの？

- **What's wrong** with you**?** You look pale.
  どうしたの？ 顔色が悪いよ。
  ★ look [be] pale 顔色が悪い

- **What's wrong** with this computer**?**
  このコンピュータどうなってるの？

- **What's wrong** with the climate**?**
  一体、この気象はどういうことなのかしら。

Exercise! こんなとき、なんと言う？

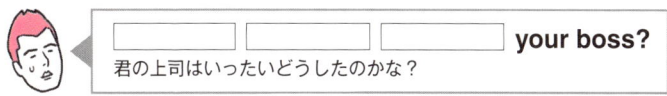

☐ ☐ ☐ **your boss?**
君の上司はいったいどうしたのかな？

He was my boss. But I am his boss now.
彼は私の上司だったけど、今は私の部下なの。

回答例：What's wrong with **your boss?**

Phrase 06

You look ～
～のようだね

> **You look** great.
> ≫元気そうだね。

➡ **会話の初めによく使う**フレーズです。相手が自分を気遣ってくれている、興味を持ってくれている、と思えば会話も弾みます。
"You look happy. What's new?"「楽しそうだね。何かあった？」
文法的にはlookの後は必ず形容詞がきます。

➡ 〈look like＋名詞／センテンス〉のパターンも覚えておきましょう。
"You look like Beckham."「ベッカムみたいじゃん」
"You look like you didn't sleep well."「よく寝られなかったようだね」

あなたのための「伝わる」一言

☐ **You look** sleepy.
眠いようだね。

☐ **You look** terrible.
ひどく疲れてるようだね。

☐ **You look** great in that dress!
そのドレスとても似合ってるよ。

❗ in+ 服、with+ 小物など

☐ **You look** depressed.
参ってるようだね。

★ depressed 気がめいった

☐ **You look** like a chef!
シェフみたい！

☐ **You look** like a million dollars today!
今日の君はとびきりキレイだよ。

★ a million dollars
百万ドル（の価値がある）

☐ **You look** like you're having fun.
楽しくやってるみたいだね。

Exercise! こんなとき、なんと言う?

| | | | |

What's up? とても真剣そうだけど。どうしたの？

Will you marry me?
僕と結婚してもらえるかい？

回答例：You look so[very] serious.

| Phrase 07 | How was ～ ?
～はどうだった？ |

How was your trip?
>> 旅行はどうでしたか。

➡ **会話のきっかけ作りに便利**なフレーズです。
"**How was** your weekend?"「週末はどうだった？」などは日常会話で大変よく使います。"**It was great.**"「最高だったよ」のように答えましょう。**How was**の後は必ず名詞がきます。
聞かれたら聞き返すことも多い表現です。答えた後に "**How about you?**" と聞き返しましょう。

➡ "**How was the exam?**"「試験はどうだった？」のように**結果や感想をたずねる**場合にも使われます。"**It didn't go very well.**"「あんまり上手くいかなかったよ」のように答えましょう。

あなたのための「伝わる」一言

☐ **How was** your summer**?**
この夏はどうでしたか。

☐ **How was** she**?**
彼女、どうだった？

☐ **How was** the movie**?**
その映画はどうだった？

☐ **How was** the business meeting yesterday**?**
昨日の商談はどうだった？

☐ **How was** it**?** Was everything OK?
どうだった？　全て大丈夫だった？

☐ **How was** your first year in this company**?**
この会社での最初の1年はどうだった？

☐ **How was** your presentation**?**
プレゼンどうだった？

❗ It went pretty well.「うまくいったよ」というように答えましょう。

Exercise! こんなとき、なんと言う？

☐☐ your ☐ date with him?　彼との初デートはどうだった？

I don't want to see him again.
また会うことはないわね。

回答例：How was your first date with him?

Phrase 08

How's ～ going?
～はどうなってる？

How's your work going?
≫ 仕事の調子はどう？

➡ **How's** は **How is** の省略形です。会話を始めるきっかけとして、またあいさつ代わりに使うフレーズです。
"How's it going?" や "How's everything going?" は何か特定のことを聞くわけではなく、全般的に「調子はどう？」という感じです。

➡ 〈How's+主語+going?〉という進行形になっているので、「たった今、現在の状態の動きや変化、推移」をたずねます。
① How's your life?「君の人生（生活）はどう？」
② How's your life going?「調子はどう？」（今の生活全般に）
①は根源的な問い、②は最近の状況をたずねています。

あなたのための「伝わる」一言

☐ **How's** your day **going?**
今日の調子はどう？

☐ **How's** your week **going?**
今週はどうだい？

☐ **How's** your trip **going?**
旅の方はどうだい？

❗ 旅行中の友人などに。

☐ **How's** the game **going?**
試合はどうなってる？

☐ **How's** everything **going** with you?
いかがお過ごしですか。

❗ 手紙などで。

☐ **How's** your new school life **going?**
新しい学校生活はどうだい？

☐ **How's** it **going** so far?
ここまでの調子はどうですか。

★ so far これまでのところ

Exercise! こんなとき、なんと言う?

☐☐☐ **your newlywed life** ☐☐☐ ?
新婚生活はどうだい？　　★ newlywed 新婚(の)

Everything is okay, except for the new partner.
全てまずまずだよ。結婚相手を除けばね。

回答例：How's [How is] your newlywed life going?

Phrase 09

How did you ~ ?
どうやって~したの？

How did you do that?
≫どうやってそれをやったの？

→ 基本的には「**方法**」をたずねるフレーズです。相手に対して自分が**興味を持っていることを示す効果**もあり、**会話を展開するのに便利**です。How did you の後には必ず<u>動詞の原形</u>がきます。
"How did you <u>learn</u> English?"
「どうやって英語を身につけたの？」

→ 「**驚き**」を表したり「**理由**」をたずねるフレーズでもあります。
"Really? How did you know that?"「本当？どうしてそれがわかったの？」という具合です。また、"How did you feel?"「どう感じましたか」など、「**感想**」をたずねるときにも使えます。

あなたのための「伝わる」一言

☐ **How did you** meet your wife**?**
どうやって奥さんと知り合ったんですか。

☐ **How did you** find this restaurant**?**
どうやってこのレストランを見つけたの？

☐ **How did you** like it**?**
どうだった？

❗ 気軽に感想をたずねるときに。

☐ **How did you** enjoy your trip to Hawaii**?**
ハワイ旅行はどうでしたか。

☐ **How did you** become such a fool**?**
一体どうして君はこうまでバカになったのか。

☐ **How did you** come up with that idea**?**
どうやってそんなこと思いついたの？

★ come up with ～
　～を思いつく

☐ **How did you** learn to play the guitar**?**
どうやってギターを弾けるようになったの？

★ learn to ～
　～できるようになる

Exercise! こんなとき、なんと言う?

| | | | **find out?** |
どうしてわかったんだい？

Elementary, my dear Watson.
初歩的なことだよ、ワトソン君。

回答例：How did you **find out?**

「使える」動詞型①

care

care「〜を気にかける」は英語の授業では影の薄い存在だったかもしれませんが、かなり使い勝手のよい単語です。たとえば、care for 〜を使えばlikeよりも遠まわしに自分の好みを伝えられます。他にもいろいろな表現がありますので、一気に見てみましょう。

□ I don't **care** for spicy food.

辛いものはちょっと苦手で。

> **care for 〜**「〜を好む」
> I don't like 〜.「〜が嫌いです」は実は強めの表現です。何かをやんわり断りたいときはI don't care for 〜.を使いましょう。

□ I'll take **care** of it.

私がやっておきます。

> **take care of**「〜は何かの面倒を見る、引き受ける」といったときに使う表現です。他にもI'll take care of the dog.「私がその犬の面倒をみます」といったふうにも使えます。

care を使った表現いろいろ

☐ I don't **care** about grades.
点数なんかどうでもいい。

☐ Who **cares**?
どうでもいいでしょ？

❗ くだけた表現なので使う相手に注意。

☐ Take **care**.
じゃあね [体に気をつけてね]

❗ 親しい間柄の別れのあいさつ。手紙やメールの結びにも。

☐ Please take good **care** of yourself.
お体に十分気をつけてくださいね。

❗ ○ take *good* care of ～
× take care of ～ *well*

☐ No one **cares** about me.
誰も私のことなんか心配してないわ。

★ care about ～ ～を心配する、～を大事に思う

☐ He needs someone to **care** for.
彼には面倒をみてくれる人が必要です。

★ care for ～ ～の面倒を見る、世話をする [=look after]

☐ Would you **care** for a cup of tea?
紅茶はいかが？

★ care for ～ ～を好む（丁寧な表現）

☐ Would you **care** to join us?
私たちとご一緒しませんか。

★ care to ～ ～したい（丁寧な表現）

Phrase 10

I'm glad to ~
~してうれしいです

I'm glad to hear that.
》そう聞いてうれしいです。

→ うれしい気持ちを伝えると会話は弾みやすくなりますが、これは日本語も英語も同じです。例えば初対面で "**I'm glad to meet you.**"「お目にかかれてうれしいです」と言われて嫌な気分になる人は少ないでしょう。

→ 二度目に会った人にうれしい気持ちを伝える場合は、"**I'm glad to see you again.**" です。**meet**は初対面で使います。また、**glad**よりも**happy**の方がうれしい気持ちがより強く伝わります。
"**I'm happy to be with you.**"「君と一緒にいられて幸せだよ」

あなたのための「伝わる」一言

☐ **I'm glad to** know you.
あなたと知り合いになれてうれしいです。

☐ **I'm glad to** talk with you again.
またお話できてうれしいです。

☐ **I'm glad to** hear from you.
連絡をくれてうれしいよ。

❗ 返信するときの出だしによく使います。

☐ So far, so good, **I'm glad to** say.
うれしいことに、これまでのところまずまずです。

☐ **I'm** very **happy to** join this team.
このチームに参加できてとてもうれしいです。

☐ **I'm glad to** hear that your family are all well.
あなたのご家族がみなさんご健在とお聞きしてうれしいです。

☐ **I'm glad to** know that everything is fine with you.
あなたの全てが順調だとわかってうれしいです。

Exercise! こんなとき、なんと言う?

I've got two movie tickets. Will you go with me?
映画のチケットが2枚あるんだ。一緒にどう?

I'm _____ to _____ that. Maybe, someday.
それを聞いてうれしいわ。たぶん、いつかね。

回答例:I'm glad to hear that.

| Phrase 11 | **Have you ～?** ～したことがありますか |

Have you ever been to Disneyland?
>> 今までディズニーランドに行ったことはありますか。

➡ 「経験」を話し合ったり、打ち明けたりすると打ち解ける感じがしますね。会話が弾むきっかけにもなるかもしれません。**Have you** の後は過去分詞です。次のように回数をたずねることもできます。
"How many times have you been to Disneyland?" "About 20 times."
「何回ディズニーランドに行ったことがあるの？」「約20回ね」

➡ 「完了」や「継続」を表す場合にも使います。
"Have you finished that work yet?"「その仕事はもう終わったの？」（完了）"How long have you lived in Japan?"「日本に住んでどれくらいですか」（継続）

あなたのための「伝わる」一言

☐ **Have you** seen that movie**?**
その映画を見たことはありますか。

☐ **Have you** ever been abroad**?**
これまで海外経験はありますか。

☐ **Have you** decided yet**?**
もう決心したの？

☐ **Have you** got everything**?**
忘れ物はない？

☐ **Have you** ever read Haruki Murakami**?**
今まで村上春樹を読んだことがありますか。

☐ How long **have you** been in the company**?**
その会社に勤めてどれくらいになりますか。

❗「期間」をたずねる場合は How long 〜 ?

☐ How many times **have you** eaten sushi**?**
寿司は何回くらい食べたことがあるの？

❗「回数」をたずねる場合は How many times 〜 ?

Exercise! こんなとき、なんと言う?

[　　　] [　　　] [　　　] **your work yet?**
もう仕事は終えたの？

No, I haven't. I'll finish it before our date.
いやまだなんだ。二人のデートの前に終わらすよ。

回答例：Have you finished your work yet?

Phrase 12

be interested in ～
～に興味があります

I'm interested in philosophy.
>> 私は哲学が趣味です。

→ 「~に興味がある」「~が好き」「~が趣味だ」という意味です。
"I'm interested in Chinese history."「私は中国史に興味があります」 "Are you interested in movies?"「あなたは映画が好きですか」

→ 上記の他に、「~に（強い）関心がある」「~してみたい」などの能動的な意味もあります。例えば、
"I'm interested in the new plan."「新しい計画に関心がある」
"He's interested in your offer."「彼はあなたの（御社の）オファーに関心があります」などは、単なる「興味」ではなくより能動的ですね。

あなたのための「伝わる」一言

☐ **I'm interested in** golf.
私はゴルフが好きです。

☐ He**'s interested in** you, I think.
彼はあなたに関心があるみたいよ。

☐ **I'm interested in** English literature.
私は英文学が好きなんです。

★ literature 文学

☐ She**'s** quite **interested in** the new project.
彼女はその新規プロジェクトにかなり関心を持っているわ。

☐ **I'm not** very **interested in** that position.
そのポジションにはあまり興味がありません。

☐ **Are** you **interested in** *anime?*
アニメは好きですか。

❗ 普通「アニメ」で通じます。

☐ What kind of things **are** you **interested in?**
あなたはどんなことに興味がありますか。

Exercise! こんなとき、なんと言う?

[____] you [____] [____] me?
僕に興味ある?

Yes, but only a tiny bit.
ええ、ほんの少しだけ。

回答例: Are you interested in me?

Phrase 13	What a ~ ! なんという～！

What a cool idea!
≫なんて素晴らしいアイディアなんだ！

➡ 基本的に「驚き」を表すフレーズです。
"That's a very good idea." 「それはとてもいい考えだ」と言っても何の問題もありませんが、"What a cool idea!" と言った方が、相手と感情を共有しやすくなります。

➡ What a ～に続くのは必ず名詞です。後ろにくる言葉によっては、"What a beautiful day!" 「なんて素晴らしい日なんだ！」、"What a disaster!" 「最悪だ！」などの意味になります。「喜怒哀楽」を表現するのに適しています。

あなたのための「伝わる」一言

☐ **What a** shame**!**
もうやだ！

★ a shame ひどい［残念な，気の毒な］こと

☐ **What a** coincidence**!**
なんて偶然だ！

☐ **What a** day**!**
なんて日だ！

❗ いい意味でも悪い意味でも使えます。

☐ **What a** mess**!**
なんて散らかってるんだ！／これは大変！

★ a mess めちゃくちゃ、散らかっていること

☐ **What a** surprise to see you here**!**
ここで君に会うなんて驚きだよ！

★ What a … to 〜 .
〜するなんて…だ。

☐ **What a** relief it is to hear that.
それを聞いてとてもホッとしました。

☐ **What a** fool I was to believe her**!**
彼女を信じるとは僕はなんてバカだったんだ！

Exercise! こんなとき、なんと言う?

I'm sorry, but I can't go to the party today.
すまないが、今日はパーティーに行けないよ。

☐ ☐ ☐ **to hear that.**
それを聞いてとても残念だよ。

回答例：What a shame **to hear that.**

Phrase 14

How can ～?
どうすれば～できるのか／～できるはずがない

How can I refuse?
》断るわけないでしょ!

→ 基本的には「どうすれば～できるのか」という**手段を問う疑問文**です。典型例としては "**How can I get to the airport?**"「空港に行くにはどうしたらいいですか？」などです。

→ **反語的**にも使います。「どうすれば～できるのか」→「**～できるはずがない！**」の意味になるパターンです。
"**I can't finish it in a day.**" でも問題ありませんが、"**How can I finish it in a day?**"「一日でできるわけないでしょ！」の方が**感情がこもった表現**だと言えるでしょう。

あなたのための「伝わる」一言

☐ **How can** I call a nurse**?**
どうしたら看護師を呼べますか。

☐ **How can** I**?**
❗「できるわけがないのに」という困惑が伝わりますね。
どうやって私が…

☐ **How can** I help you**?**
❗店員が言う「いらっしゃいませ」もこの表現。
ご用件をどうぞ。／何かお困りですか。

☐ **How can** he be so stupid**?**
あいつにはバカもほどほどにしてほしいよ。
★ stupid バカな

☐ **How can** a single person solve all**?**
たった一人で全て解決できるはずがないでしょう。

☐ **How can** I accept that**?**
★ accept 〜を受け入れる、認める
そんなこと認めるわけないだろ。

☐ **How can** we stop this nonsense**?**
どうすれば私達はこのバカげたことを止められるのでしょう。

Exercise! こんなとき、なんと言う?

| | | we | | along? |

僕らはどうすれば上手くやっていけるんだろう。

The only way is …. Just leave me!
唯一の方法は…放っといて！

回答例：How can we get along?

39

Phrase 15

How come ～?
どうして～なの？

How come it happened?
》どうしてそんなことが起こったんだ？

➡ 「理由」をたずねるフレーズで、Why～？よりも口語的な表現です。
"How come you didn't help him?"
「なぜ彼を助けなかったのですか」
Whyの後ろは疑問文の語順、How comeの後ろは普通の語順です。

➡ Why～？と同様、場面によって「驚き」「非難」の意味にもなります。
"How come you know so much?"
「どうしてあなたはそんなに知ってるんですか」（驚き）
"How come you didn't tell me?"
「どうして言ってくれなかったの？」（非難）

あなたのための「伝わる」一言

☐ **How come?**
どうして？

☐ **How come you are here?**
どうしてここにいるの？

☐ **How come she knows that?**
どうして彼女がそれを知ってるの？

☐ **How come you are crying?**
どうして泣いてるの？

☐ **How come this project wasn't approved?**
どうしてこの企画はボツになったんだ？

★ approve 承認する

☐ **How come you've never married?**
どうして結婚しないの？

☐ **How come you decided to become independent?**
どうして独立しようと決心したんですか。

★ independent 独立した

Exercise! こんなとき、なんと言う？

☐ ☐ ☐ ☐ **so angry?**
どうしてそんなに怒ってるの？

Ask yourself.
自分にお聞きなさい。

回答例：How come you are **so angry?**

Phrase 16

That's because ~
それは〜だからです

That's because you are lying.
》それは君が嘘をついてるからだ。

➡ 自身の行為や考え方などについて、**その「理由を伝える」**場合に使うフレーズです。
"I hate him. That's because he's a liar."
「ぼくはあいつが嫌いだ。それはあいつが嘘つきだからだ」

➡ 相手の発言に対して、「それは〜だからですよ」と、その「原因・理由」を伝える場合にも使います。
"I can't find the station." "That's because you have the wrong map!"
「駅が見つからないよ」「それは君が違う地図を見てるからだ！」
That's becauseの後ろは〈主語 + 動詞〉です。

あなたのための「伝わる」一言

☐ **That's because** you are smart.
それは君が賢いからだよ。
❗ smart は「頭がよい」。「細い」は slim。

☐ **That's because** I enjoy my work so much.
それは仕事をとても楽しんでいるからです。

☐ **That's because** Christmas is coming!
だってもうクリスマスなんだからさあ！

☐ **That's because** you work too hard.
それは働きすぎだからだよ。

☐ **That's because** your usual attitude is wrong.
それは普段の行いが悪いからだ。
★ usual attitude 普段の行い（態度）

☐ **That's because** you don't know women's ways.
それは女心がわかってないからだよ。

☐ **That's because** you opened your big mouth.
それは君が大口をたたいたからだ。
★ open one's big mouth 大口をたたく

Exercise! こんなとき、なんと言う?

I can't believe you.
あなたのことが信じられないわ。

☐ ☐ ☐ ☐ **too shy.**
それは君が臆病すぎるからさ。

回答例：That's because you are **too shy.**

Phrase 17

That's why ~
だから~ってわけ

That's why I love you.
≫だから君が好きなんだ。

➡ 理由を挙げてから「結論や結果を伝える」場合に使うフレーズです。
"He's a liar. That's why I hate him."
「あいつは嘘つきだ。だからあいつが嫌いなんだ」

➡ **That's because**の後ろは「原因・理由」、**That's why**の後ろは「結論・結果」。きちんと使い分けられるようにしましょう。
"I love my cat. That's because she's so cute."（結論→理由）
「うちのネコが大好きだ。それはとてもかわいいからだ」
"My cat is so cute. That's why I love her."（理由→結論）
「うちのネコはとてもかわいい。だから大好きなんだ」

あなたのための「伝わる」一言

☐ **That's why** we are here now.
だから私たちは今ここにいるんだよ。

☐ **That's why** I started learning English.
そういうわけで私は英語を学び始めたのです。

☐ **That's why** I told you. 　　❗ 相手が助言を聞かずに失敗した場合などに。
だから言ったのに。／それ見たことか。

☐ **That's why** I need your help.
だから君の助けが必要なんだよ。

★ think twice 考え直す

☐ **That's why** you have to think twice.
だから君は考え直さなきゃいけないんだよ。

★ get divorced 離婚する

☐ **That's why** we decided to get divorced.
そういうわけで私たちは離婚することに決めたんです。

☐ **That's why** nothing new is born.
だから何も新しいものが生まれないんだ。

Exercise! こんなとき、なんと言う?

> **You don't know anything about this.**
> きみはこのことが全くわかってない。

☐ ☐ I'm ☐ ☐ .
だからあなたに聞いてるの。

回答例：That's why I'm asking you.

「使える」動詞型②

work

workはさまざまな状況で文字通り「workする（使える）」言葉です。たとえば、work hardは仕事や勉強に限らず「何かを一生懸命にやる」という意味です。また、機械や仕組み、アイディアや計画などにも使えます。それでは、使える「work」を見ていきましょう。

☐ I **work** for a bank.

私は銀行に勤めています。

> work for ～は「会社や役所に勤務している」という意味です。"I'm working for a bank." と進行形にすると「今一時的に働いている」という意味になるので注意しましょう。

☐ My brain isn't **working** today.

今日は頭がさえない（働かない）。

> 一時的に頭がさえない場合は進行形を使うのが普通です。「朝は（夜は）頭がさえない」。という場合は "My brain doesn't work in the morning (at night)." と現在形を使います。

work を使った表現いろいろ

☐ Don't **work** too hard!
あんまり頑張りすぎないようにね。

☐ I **work** in the sales department.
私は営業部門で働いています。

> ❗ work in + 場所／部門 [office／department]、
> work for + 会社 [company, firm]、work on + 農場 [farm]
> work at + レストラン [restaurant]、など

☐ It **works**.
それがうまくいくんだよ。

> ❗ 自分が立てた計画や新しく導入したシステムの調子などについて。

☐ That doesn't **work** for my wife.
その手は妻には通用しないんだよ。

☐ Does that **work** for you?
それで大丈夫ですか。

> ❗ 約束の時間や期限などを聞いて。

☐ That plan didn't **work** at all.
その計画は全く機能しなかった。

☐ In the end, everything **worked** out.
結局のところ、全て上手くいったよ。

> ★ work out 上手くいく

☐ I never have time to **work** out.
運動する時間が全くないんだ。

> ★ work out 運動する [=exercise]

ネイティブ式助動詞の使い方① どっちを使う!?

will と be going to

> シーン
>
> I'm going to bake cakes for kids.
> 「子どもたちにケーキを焼く」という妻。それを聞いて**「手伝うよ」**と優しさを見せたいあなた。

willを使うと → **I'll help you.**
僕も手伝うよ。

be going toを使うと → **I'm going to help you.**
僕も手伝うつもりだよ。

---

willは「これからするつもり」、be going toは「現在すでにするつもり」。
　I'll ~. 現在の意志であり、前もって決めていたわけではない
　I'm going to ~. 現時点ですでに決まっている、前もって計画している
つまり「ふとした優しさ」を見せるシーンでの正解は**will**。
ただし、前もって手伝うつもりだった場合 "**Yes, I know. I'm going to help you.**"（ああ、知ってたよ。手伝うつもりでいるよ）が自然です。

Quiz! 次の一言にふさわしいのはどちらでしょう

会社で上司に今日の訪問予定を聞かれたときの一言。

① **I'm going to go to Z Corporation with John.**
② **I'll go to Z Corporation with John.**

答え：当日の訪問予定は決めているはず。正解は①です。早くクビになりたければ②でどうぞ。

CHAPTER 2

> 一歩踏み込んで自己表現！

気持ちが伝わる21パターン

例えば相手に手伝いを申し出るとき、
「手伝うべきでしょうか」と「喜んでお手伝いしますよ」では
伝わるモチベーションは全然違いますよね。
相手に何かを伝えるとき、そこにはそのときどきの温度感があります。
この章ではそんな、自分の「気持ち」をプラスした言い方を見ていきましょう。

| Phrase 18 | **I wanna ~** 〜したい |

> **I wanna** talk to you.
> ≫君と話がしたい。

➥ wanna は want to「〜したい」の口語体です。wannaの後は必ず動詞の原形がきます。**I just wanna be alone.**「ただ一人になりたいだけなんだ」などのようにwant to 〜よりも願望がよりストレートに表現されます。
ただし、公の場や文書、目上の相手に使うのは避けましょう。

➥ 打ち解けた感じを出すのにも wanna は向いています。"**I wanna talk with you about last night.**"「昨夜のことを君と話し合いたいんだ」と静かに語りかけると相手も応じやすくなるでしょう。

あなたのための「伝わる」一言

☐ **I wanna** catch the last train.
終電に乗りたいんだ。

☐ **I wanna** come along, too.
僕も一緒に行きたいな。

☐ I just **wanna** tell you, you're not alone.
ただ僕が言いたいのは、君は一人じゃないってこと。

☐ **I don't wanna** waste time.
時間を無駄にしたくないんだ。

★ waste time
時間を無駄にする

☐ **Do you wanna** make something of it?
ケンカ売ってんの？

★ make something of ~
~のことでケンカを売る

☐ **Do you wanna** get a bite?
何か食べたい？

★ get a bite 軽く食べる

☐ What **do you wanna** do?
何する？／何がしたい？／何がしたいんだ（はっきりして）よ。

❗ 口調によっては非難めいて聞こえます。

Exercise! こんなとき、なんと言う?

家を買いたいんだよな。

Before that, you should get a job.
その前に、職に就きなさいよ。

回答例：I wanna buy a house.

Phrase 19

Let me ～
～させて

Let me ask you something.
≫ちょっと質問してもいいですか。

➡ Let me ～ . の基本の意味は「私に～させてください」です。
"Let me use it." 「それを使わせて」の言いたいことは "May I use it?" 「それを使ってもいいですか」と似ているようですが、前者は基本的には要求する表現なので、後者の方が丁寧です。

➡ Let me の後ろは動詞の原形ですが、すぐ後ろに前置詞や形容詞、副詞などを置く場合もあります。
"Let me in." 「入れて」、"Let me alone." 「一人にして」や、"Let me through." 「通して」などが代表例です。

あなたのための「伝わる」一言

☐ **Let me** show you this.
これをご覧ください。

☐ **Let me** finish.
最後まで聞いてください。

☐ **Let me** see you to the elevator.
エレベーターまでお送りしましょう。

☐ **Let me** have a look.
ちょっと見せて。

> ❗ Let me look at it. などよりカジュアルな表現。

☐ **Let me** think about it for a while.
少し考えさせてください。

☐ **Let me** explain that again.
もう一度説明しますね。

> ❗ 上手く伝わらなかったときなどに。

☐ **Let me** know if you are in trouble.
困ったら言ってね。

> ★ be in trouble 困っている

Exercise! こんなとき、なんと言う?

☐ ☐ ☐ **if you change your mind.**
もしも気が変わったら言ってくれ。

Thank you. But I'm sure I won't.
ありがとうございます。でも、それはないと思います。

回答例:Let me know if you change your mind.

Phrase 20

How about ～?
～はどう？

How about a beer?
≫ビールでもどう？

➔ 「～はどう？」「～しませんか？」など**提案や勧誘**を表します。
"How about another cup of coffee?"「コーヒーもう一杯どう？」"How about going to a movie?"「映画を見に行かない？」How about の後ろは名詞または動名詞がきます。

➔ "I like cats. How about you?"「僕はネコが好きだけど。君は？」"The economy is picking up. How about your company?"「景気は回復してるけど、君の会社はどう？」など、相手側の**考えや状態、結果**をたずねる場合にも使えます。

あなたのための「伝わる」一言

☐ **How about** it?
どうかな？

> ちょっとした感想をたずねるときに。
> 服装、持ち物、提案などに対して幅広く使えます。

☐ **How about** going for a drive?
ドライブに行くのはどうかな。

★ go for a drive ドライブに行く

☐ **How about** dinner this evening?
今晩、食事でもどう？

☐ **How about** making a toast?
祝杯を挙げようか。

★ make a toast 祝杯を挙げる

☐ **How about** next Friday?
次の金曜日はどうですか。

☐ **How about** thinking from other angles?
他の視点から考えてみたらどうかな。

☐ **How about** speaking a human language?
何を言ってるのか全くわかりません。

> 直訳は「人間の言葉を話したら？」けっこうキツい言い方なので注意。

Exercise! こんなとき、なんと言う？

☐ ☐ ☐ **at a hotel?**
ホテルに泊まるのはどう？

OK. But let's get separate rooms.
いいわ。でも、それぞれに別の部屋を取りましょ。

回答例：**How about staying** at a hotel?

◀23))

Phrase 21

Why don't you ～?
～したらどうですか

> **Why don't you take a rest?**
> ≫休んだらどうですか。

➡「しない理由」をたずねたり、しないことを非難したりする表現です。"Why don't you read the newspaper?"「どうして新聞を読まないの？」（しない理由）"Why don't you follow my advice?"「どうして助言を聞かないんだ」（非難）など。

➡「なぜ～しないの」から反語的に「～したら？」と提案や勧誘を表すフレーズとしてもよく使います。"Why don't you come with me?"「一緒に来ない？」"Why don't you try?"「やってみたら？」という具合です。"Why not try?"のように、〈Why not ＋動詞の原形？〉でも同じ意味になります。

あなたのための「伝わる」一言

☐ **Why don't you** do it yourself**?**
どうして自分でやらないのよ。/自分でやればいいじゃない。

☐ **Why don't you** stay overnight**?**
今日は泊まったらどう?

☐ **Why don't you** text her**?**
彼女にメールしたらどう?

★ text (主に携帯電話で)メールを送る

☐ **Why don't you** say something**?**
何とか言ったらどうなのよ。/何を黙ってるの?

☐ **Why don't you** try to find other factors**?**
別の要因を探してみたらどうかな。

☐ **Why not** call it a day and have a beer**?**
もう切り上げて、ビールでも飲みましょうよ。

★ call it a day
終わりにする

☐ "How about a quick bite?" "**Why not?**"
「軽くメシでもどう?」「もちろん」

> 単なる "Yes" よりも「自分もそう思ってた」という感じが伝わりやすいです。

Exercise! こんなとき、なんと言う?

[ ] [ ] [ ] [ ] **to me?**
どうして私の話を聞いてくれないの?

I'm sorry. I'm tired from work.
ごめんね。仕事で疲れてるんだ。

回答例:Why don't you listen to me?

◀24))

| Phrase 22 | **Would you ～?**〜してもらえませんか |

Would you say that again?
≫もう一度言ってもらえますか。

➡ **Will you ～?**「〜してくれませんか」と同様「依頼」を表しますが、より丁寧です。少し頼みにくいときなどに便利なフレーズです。
"Would you drive me home?"「家まで車で送ってもらえますか」
"Would you just stop it?"「いい加減にしてもらえませんか」

➡ 文脈や状況、後の語句によって「〜したいですか」とさりげなく相手の願望をたずねたり、提案したりする表現としても使えます。
"Would you care for dessert?"「デザートはいかが？」は典型的な使い方の一つです。

あなたのための「伝わる」一言

☐ **Would you** give me some advice?
少しアドバイスを頂けますか。

★ do ~ a favor ~の願い事をかなえる

☐ **Would you** do me a favor?
お願いがあるんですが。/頼み事を聞いてもらえませんか。

☐ **Would you** get a grip?
まあ、落ち着いてください。

★ get a grip 落ち着く、冷静になる

☐ **Would you** care for sushi?
寿司はお好きですか。

★ Would you care for ~ ?
~はお好きですか/~はいかがですか

☐ **Would you** give me a chance?
チャンスをもらえますか。

☐ **Would you** ask her to call me back?
折り返し電話をくれるよう彼女に伝えてもらえませんか。

☐ **Would you** be able to finish this within a week?
一週間以内にこれを終えることはできますか。

❗ be able to を入れるとより丁寧になります。

Exercise! こんなとき、なんと言う?

☐ ☐ ☐ ☐ **tea or coffee?**
お茶かコーヒーでもいかがですか。

No, thank you. How about a beer?
いいえ、どちらも。ビールはどう?

回答例:Would you care for tea or coffee?

Phrase 23

I hate ～
～が嫌い

> **I hate** rainy days.
> ≫私は雨の日が嫌いなんです。

➡ 〈hate +名詞／動名詞〉は「**～が嫌い**」「**～すること（自体）が嫌い**」という意味になります。"**I hate** cigarettes." 「私はタバコが嫌い」"**I hate** riding on crowded trains." 「私は混雑した電車に乗るのが嫌い」つまり、**それ自体が嫌い**ということを表すフレーズです。

➡ 〈hate + to + 動詞の原形〉は「**これから～するのは嫌**」「**～したくないんだけど**」という意味です。"**I hate to say this, but ...**" 「こんなことは言いたくないんだけど…」と、**本当はしたくないけれど仕方なくする**という場合に使いましょう。

あなたのための「伝わる」一言

- [ ] **I hate** wasting time.
  私は時間を無駄にするのが嫌いです。

- [ ] **I hate** flying.
  飛行機は嫌いなんです。

- [ ] **I hate** speaking in front of others.
  私は人前で話すのが苦手なんです。

- [ ] **I hate** it when it's hot.
  私は暑いのが嫌いです。

  ★ I hate it when 〜 〜のときが嫌い

- [ ] **I hate** shopping on holidays, but my wife loves it.
  僕は休日の買い物が嫌いなんだけど、妻は大好きなんだ。

- [ ] **I hate** to admit it, but that was my fault.
  認めたくはありませんが、それは私の過ちです。

- [ ] **I hate** to interrupt, but may I ask a question?
  お話し中すみませんが、一つ質問をしてもいいですか。

  ★ interrupt さえぎる、割って入る

Exercise! こんなとき、なんと言う?

☐ ☐ ☐ ☐ **you, but can you make tea?**
頼みにくいんだけど、お茶をいれてくれる?

Would you be able to do it yourself?
自分でやってもらえませんか。

回答例:I hate to ask you, but can you make tea?

◀26))

Phrase 24

I hope 〜
〜を願います

> **I hope** to try again.
> ≫またやってみたいです。

➡ 〈hope + to不定詞〉は「〜することを願います」「〜したいです」と自分の<u>願望</u>を表します。"**I hope <u>to see</u> you again.**"「またあなたに会いたいです」"**I hope <u>to do</u> my best.**"「最善を尽くしたいです」など。

➡ 〈hope (that) + 主語+動詞〉は「<u>主語が</u>〜することを願う」という意味です。"**I hope <u>you</u> will recover soon.**"「<u>あなたが</u>すぐに回復することを願います」

あなたのための「伝わる」一言

☐ **I hope** to be promoted soon.
早く出世したいです。

★ be [get] promoted 出世する

☐ **I hope** to visit your hometown someday.
いつかあなたの田舎に行きたいな。

★ hometown 田舎、実家

☐ **I hope** you are well.
お元気ですか。

❗ 手紙やメールのあいさつで。

☐ **I hope** everything will be all right.
何事もなければいいのですが。

☐ **I hope not**.
そうじゃなきゃいいけど。

★ fruitful 実りある

☐ **I hope** today's meeting will be fruitful.
今日の会議が実りあるものになることを期待します。

☐ **I hope** we can learn something from this.
このことから何かを学べるよう期待します。

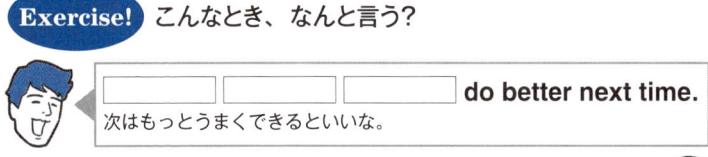

Exercise! こんなとき、なんと言う?

☐ ☐ ☐ **do better next time.**
次はもっとうまくできるといいな。

I hope so, too.
私もそう願うわ。

回答例:I hope to do better next time.

◀27))

「使える」動詞型③

meet

meetの本来の意味はsee「見える、目に入る」と違い、「たまたま会う、出会う」です。これを頭に入れておくとmeetのさまざまな使い方がピンとくるでしょう。例えば、バットがボールに当たるときもmeetを使います。それでは、他の表現も見ていきましょう。

□ **Nice to meet you.**
お会いできてうれしいです。

> 初対面で使うおなじみの表現ですが、"It's good to meet you."、"I'm glad to meet you."なども使えると幅が広がります。目上の人には"I'm pleased to meet you."がいいでしょう。

□ **Meet me at eight.**
8時に迎えに来て。

> 「迎えにいく、出迎える」はmeetを使います。see ~ off「~を見送る」は習うことが多いようですが、「出迎える」meetは盲点になっている場合が多いようです。

meet を使った表現いろいろ

- [ ] I have an appointment to **meet** him.
  彼と面会する約束をしています。

- [ ] I **met** her at a party.
  彼女とはパーティーで出会いました。

- [ ] I'd like you to **meet** my boss.
  上司をご紹介しましょう。

  ❗ ビジネスなどで相手に人を紹介するときに。

- [ ] Let's **meet** halfway between your house and mine.
  あなたの家と私の家の中間で待ち合わせしょう。

  ★ meet ~ halfway
  ～と中間地点で会う

- [ ] We should **meet** them halfway.
  彼らと妥協すべきです。

  ★ meet ~ halfway
  ～と妥協する

- [ ] Can you **meet** the deadline?
  締め切り間に合う？

- [ ] We must **meet** the customers' demands.
  顧客の要求を満たさなければなりません。

- [ ] I managed to make both ends **meet**.
  なんとか帳尻を合わせることができました。

  ★ make both ends meet 帳尻を合わせる
  （帳簿の両端 =both ends から）

Phrase 25

I have to ~
~しなければならない

I have to go now.
》もう行かないといけません。／そろそろお暇(いとま)します。

➡ have to は must ほど強い意味はなく、より客観的です。"I have to go now." は時間や用事などの**外的要因**のために「行かないと」という意味ですが、"I must go now." は自分の内的意思を示します。**差しさわりがなく無難**なのは have to の方と言えます。

➡ 疑問文の "Do I have to ~?" は「~しなければなりませんか」と**義務・必然性**を聞くだけでなく、「~しなくてもいいでしょ」という「**反語**」の意味もあります。"Do I have to do your job?"「私があなたの仕事をしなければならないの？」→「あなたの仕事でしょうが！」という具合です。

あなたのための「伝わる」一言

- **I have to** agree with her.
  彼女に同意せざるをえませんね。

- **I have to** finish the report by tomorrow.
  明日までに報告書を上げなきゃいけないの。

- **I have to** say something to you.
  あなたに言わなければならないことがあります。

- **Do I have to** change trains?
  電車を乗り継がないといけませんか。

- How many times **do I have to** tell you?
  何度言ったらわかるの！

- Why **do I have to** finish this today?
  どうしてこれを今日終わらせなきゃいけないんですか。

- **I have to** apologize for my misunderstanding.
  私が誤解していたことについて謝らねばなりません。

★ apologize (to A) for B B のことで (A に) 謝る

Exercise! こんなとき、なんと言う?

☐ ☐ ☐ ☐ **what caused this problem.**
何がこの問題を引き起こしたのか突き止めなければ。

Whatever.
どうでもいいわ。

回答例: I have to find what caused this problem.

Phrase 26

I need to ~
～する必要がある

> **I need to** go now.
> 》もう行かなければならない。

→ **need to**は「〜する必要がある」ですが、「〜しないと困ったことになる」→「〜しなきゃ」という、**内発的なニュアンス**があります。ですから、"**I need to know.**"は「知っておかなければ」「知りたい」という感じです。

→ **have to**は外的要因によるので、内発的な**need to**の方が**文脈や前後関係によってやや強いニュアンス**になることがあります。
"**I need to ask myself.**"「自分自身を問いただす必要がある」
"**We need to discuss this.**"「我々はこのことを話し合う必要がある」などは、「**シリアス**」な感じが伝わりますよ。

あなたのための「伝わる」一言

☐ **I need to** talk to you.
あなたにお話があります。／あなたと話す必要があります。

☐ **I need to** lose some weight.
少しやせなければなりません。
★ lose weight やせる (⇔ gain weight)

☐ **I need to** concentrate!
集中させて！／気が散るよ！

☐ **I need to** grow up mentally.
もっと精神的に成長しなければ。

☐ **I need to** pull myself together.
自分を取り戻す必要があります。
★ pull oneself together 自分を取り戻す

☐ **You don't need to** push yourself.
無理する必要はないからね。
★ push oneself 無理をする

☐ What **do I need** to do next**?**
次は何をすべきでしょうか。

Exercise! こんなとき、なんと言う?

Uh, honey. I think ☐ ☐ ☐ ☐ money.
あのね。君はお金を節約する必要があると思うんだけど。

I don't think so. You need to earn more.
そうは思わないわ。あなたがもっと稼ぐことが必要なの。

回答例：I think you need to save money.

Phrase 27

You don't have to 〜
〜しなくていい

You don't have to worry.
≫ 心配しなくてもいいよ。

➡ don't have to 〜「**〜しなくてよい**」は don't need to 〜「〜する必要はない」と大きな違いはありません。
"You don't have to do it by yourself."「一人でやらなくていいよ」
≒ "You don't need to do it by yourself."「一人でやる必要はないよ」

➡ 違いをきちんと押さえておかなければならないのは must not「〜してはいけない」（禁止）です。
"You don't have to stay here."「ここにいなくてもいいよ」
≠ "You must not stay here."「ここにいちゃだめ」

あなたのための「伝わる」一言

☐ **You don't have to** do that.
そんなことしなくていいよ。

☐ **You don't have to** be so serious.
そんなに真面目でなくてもいいんだよ。

☐ **You don't have to** do anything special.
特別なことは何もしなくていいですよ。

☐ **You don't have to** make excuses!
言い訳はしなくていい！

★ make excuses 言い訳する

☐ **You don't have to** get involved in this.
このことに口出ししなくてけっこう。

★ get involved in ～
～に関与する、口出しする

☐ **You don't have to** work overtime.
残業しなくていいよ。

★ work overtime 残業する

☐ **You don't have to** be an expert to do that.
そんなことは誰でもできます。

❗「～するのに専門家でなくてもよい」

Exercise! こんなとき、なんと言う?

> I'm sorry, I can't make it to dinner tonight.
> ごめん、今日夕食に行けなくなっちゃったよ。

> You ☐ ☐ ☐ worry about that.
> そんなこと気にしないで。

回答例：You don't have to worry about that.

Phrase 28

Should I ~?
~すべきですか

Should I wear a tie?
》ネクタイを締めるべきですか。

➡ 基本的には「**~をすべきですか**」と、自分がすべきことについて、**助言・許可・情報などを求める**フレーズです。
"**Should I study English?**"「英語を勉強すべきですか」（助言）
"**Should I quiet down the kids?**"「子どもたちを黙らせますか」（許可）
"**What should I do next?**"「次は何をすべきですか」（情報）など。

➡ これまでの他のフレーズと同様、言い方や前後関係によっては「~すべきですか」→「~すべきじゃないでしょう」という意味の「**反語**」になります。"**Why should I do that?**"「なぜ僕がそんなことをしなきゃならないんだ」という具合です。

あなたのための「伝わる」一言

- □ **Should I** bring anything**?**
  何か持参しましょうか。

  ❗ 気軽な集まりに招待されたときなどに。

- □ **Should I** call back later**?**
  後でかけ直した方がいいですか。

- □ **Should I** or **shouldn't I** propose to her**?**
  彼女にプロポーズすべきか、しないべきか。

- □ Why **should I?**
  どうして僕が（やらなきゃいけないんだよ）？

  ❗ 反語の典型で、よく使います。

- □ How **should I** know**?**
  知るわけねぇだろ！／知ってるはずがないですよ。

  ❗ これも反語。"I" を強く発音します。

- □ By what time **should I** check out**?**
  チェックアウトは何時までにすべきですか。

- □ How **should I** deal with this problem**?**
  この問題にどう対処すべきでしょう。

  ★ deal with ～ ～に対処する

Exercise! こんなとき、なんと言う？

Which dress ☐ ☐ ☐ **?**
どっちのドレスを買うべきかしら。

You don't have to worry. I'll buy you both.
心配無用。両方買ってあげるよ。

回答例：Which dress should I buy?

Phrase 29

I want ... to 〜
…に〜してほしい

I want you to help me.
》手伝ってほしいんだけど。

→ 〈want (人) to 〜〉は「(人) に〜してほしい」という意味で、**要求や願望**などを表すフレーズです。
"I want you to buy some clothes."「服を買ってほしいの」(要求)
"I want my wife to be happy."「妻には幸せでいてほしい」(願望)
"I don't want you to do it."「君にそうしてほしくない」(要求／願望)

→ 〈Do you want me to 〜?〉は「〜してほしいですか」「〜してあげましょうか」という**申し出**になりますが、文脈によっては**反語**にもなります。"Do you really want me to help you?"「本当に手伝ってほしいの？」は「違うでしょ」とも取れますね。

あなたのための「伝わる」一言

☐ **I want** you **to** come here at once.
すぐここに来てほしい。
★ at once すぐに、ただちに

☐ **I want** you **to** tell me more about yourself.
君のことをもっと教えてほしいんだ。

☐ **I want** you **to** meet my friends.
友達を紹介したいんだ。

☐ **I want** you **to** behave yourself in public.
君には人前で行儀よく振る舞ってほしい。
★ behave oneself 行儀よく振る舞う

☐ **I want** her **to** play an important role.
彼女には重要な役割を果たしてほしいんだ。
★ play a role 役割を果たす

☐ **Do you want** me **to** explain about the details**?**
詳細について説明してほしいのですか。

☐ What **do you want** me **to** do about it**?**
それでどうしろってわけ？／どうしようもないでしょ。

Exercise! こんなとき、なんと言う?

▢ ▢ ▢ ▢ ▢ **to the party.**
パーティーに来てほしいんだけど。

Sure. I will.
ええ。そうするわ。

回答例：I want you to come to the party.

Phrase 30

I'd like to 〜
〜したい

I'd like to say something.
≫言いたいことがあります。

➡ I'd は I would の略。「〜したい」という意味で、自分の**意思や願望**を伝えるのに便利なフレーズです。"**I'd like to ask you a question.**"「あなたに一つ質問したいのですが」"**I'd like to propose a new product.**"「新製品のご提案をしたいのですが」といったように、"**I'd like to+動詞の原形**"となります。

➡ I'd like to は I want to よりも**丁寧な表現**です。
"I want to ask you a question."（直接的・率直）
"I'd like to ask you a question."（婉曲的・丁寧）
ビジネスや初対面相手の場合は後者の方が無難でしょう。

あなたのための「伝わる」一言

☐ **I'd like to** see you again soon.
早めにまたお会いしたいです。

☐ **I'd like to** go on a trip abroad.
海外旅行に行きたいです。

☐ **I'd like to** ask you out.
デートしない？

★ ask ~ out ~をデートに誘う

☐ **I'd like to** be alone for a while.
しばらく一人になりたい。

☐ **I'd like to** have a word with you.
一言お話ししたいのですが。

★ have a word with ~ ~と一言話す

☐ **I'd like to** know more details about the plan.
そのプランについてもっと詳細を知りたいです。

☐ **I'd like to** make sure of the starting time.
始まる時間を確認しておきたいんだけど。

★ make sure of ~ ~を確認する

Exercise! こんなとき、なんと言う?

How's your new boss?
新しい上司はどう？

☐ ☐ ☐ ☐ ☐ **in the nose.**
一発お見舞いしたいですね。

回答例：I'd like to punch him **in the nose.**

Phrase 31

I'd rather ～
むしろ～したい

I'd rather do it myself.
≫いや、むしろ自分でやりますよ。

➡ 副詞のrather「(…より) むしろ」は語尾にerがついているように比較表現の一種です。なので I'd rather ～「**(何か他のことよりは) むしろ～したい**」は漠然と他のことと比較して「それよりは」という意味合いを含んでいます。ですから、"I'd rather do it myself." は「(誰かにしてもらうよりは) むしろ自分でしたい」というニュアンスがあります。I'd ratherの後は動詞の原形です。

➡ 〈I'd rather A than B〉は比較の対象が明確で、「BするよりはAしたい」の意味になります。
"I'd rather do it myself than leave it to others."
「他人に任せる(=B)よりはむしろ自分でしたい(=A)」

あなたのための「伝わる」一言

☐ **I'd rather** stay home today.
今日はなんだか家にいたいな。

☐ **I'd rather** go to a movie.
映画を見に行く方がいいな。

☐ **I'd rather** do nothing.
なんだか何もしたくありません。

☐ **I'd rather** die than live without you.
あなたなしで生きるくらいなら死んだ方がましです。

☐ **I'd rather not**.
どちらかというとやりたくないな。

☐ **I'd rather not** discuss it.
どちらかというとその話はしたくないな。

> 否定文は〈I'd rather not + 動詞の原形〉です。

☐ **I'd rather** be deceived than deceive.
だますよりはだまされたい。

★ deceive だます

Exercise! こんなとき、なんと言う?

Do you like being with me?
僕と一緒にいるのは好きかい?

There's no place ☐ ☐ ☐ .
他にいたいと思う場所なんてどこにもないわ。

回答例:There's no place I'd rather be.

◀ 35))

「使える」動詞型④

pass

日本語の「通る／通す」にもさまざまな意味があるように、英語のpassもさまざまな場面で使われますが、「(人や車が)通る」「(時が)過ぎる」「(試験に)合格する」、password「パスワード」など「通過」の意味で共通しています。他の表現も見ていきましょう。

☐ **Many years have passed.**

長い年月が過ぎてしまった。

> ❗ 「現時点での時間の経過」を表す場合には、例文のように現在完了を使います。"A pleasant time passes quickly."「楽しい時はすぐに過ぎてしまう」と比べてみましょう。

☐ **I want to pass the interview.**

面接試験に合格したい。

> ❗ 上手く通過したり、させたりする場合にpassを使います。pass the examなら「試験に合格する」、pass the billなら「法案を通過させる」、The bill passed.なら「法案が通過した」という具合です。

pass を使った表現いろいろ

- [ ] Please let me **pass**.
  通っていいですか。
  ★ = Please let me through. / Can I get by?

- [ ] **Pass** me that bottle.
  そのボトルこっちに回してくれる？

- [ ] You could **pass** for twenty-five.
  君は25歳でも通るよ。
  ★ pass for [as] ～　～で通る
  ❗ 実際にはそうではない場合に使います。

- [ ] I'll **pass** on dinner this time.
  今回ディナーはパスします。

- [ ] Please **pass** this information along to the staff.
  この情報を職員に伝えてください。
  ★ pass along（情報を人に）伝える、知らせる

- [ ] When will the typhoon **pass**?
  台風はいつ通過するんですか。

- [ ] Let's **pass** over this problem.
  この問題はやり過ごしましょう。
  ★ pass over やり過ごす

- [ ] We were like ships that **pass** in the night.
  私たちは二度とお会いすることはないでしょう。
  ❗ 二人をすれ違う船に例えた慣用表現。

◀ 36))

Phrase 32

I can't help 〜
〜せざるをえない

I can't help laughing at it.
》それは笑うしかないね。

➡ この **help** には「避ける」「控える」という意味があります。ですから、**can't help doing 〜** は「〜するのを避けられない」「〜するのを控えることができない」、つまり、「抑えたくても抑えきれない」「どうしてもしてしまう」ことを表現するときに使います。**can't help** の後ろは名詞または動名詞が続きます。

➡ 「本当はこんなことは言いたくないんですが」と、遠回しに懸念や意見を伝える場合にもよく使います。
"**I can't help feeling anxious about it.**"「どうしてもそれが心配なんです」 **think**、**feel**、**wonder** など「思考や感情」を表す言葉との組み合わせが多いです。

あなたのための「伝わる」一言

☐ **I can't help** wondering why.
不思議でしょうがないです。

☐ **I can't help** worrying about her.
彼女のことを心配せざるをえない。
★ worry about ～
　～のことを心配する

☐ **I can't help** feeling sorry for him.
彼には気の毒でしかたがない。
★ feel sorry for ～
　～のことを気の毒に思う

☐ **I can't help** making fun of him.
つい、彼をからかっちゃうの。
★ make fun of ～　～をからかう

☐ **I can't help** questioning the plan.
その計画には疑問を持たざるをえません。
★ question　～に疑問を抱く

☐ **I can't help** thinking about past mistakes.
どうしても過去の過ちについて考えてしまうんです。

☐ **I couldn't help** smiling at that cute baby.
その可愛い赤ちゃんについ微笑んでしまった。

Exercise! こんなとき、なんと言う?

☐ ☐ ☐ ☐ **of you.**
どうしても君のことを考えてしまうんだ。

That's a complete waste of time.
それは全く時間の無駄です。

回答例：I can't help thinking of you.

Phrase 33	**I'm dying 〜** 〜したくてたまらない

> **I'm dying for a beer.**
> ああ、ビール飲みてぇ。

➡ **be dying**には「死にかけている、死にそう」という意味があります。また、前置詞の **for** には「求める」という意味があるので、**be dying for 〜** は「〜が欲しくてたまらない」という**モノや事への強い願望**を表します。"I'm dying for a TV set." 「テレビが欲しくてたまらない」**for** の後ろは必ず名詞がきます。

➡ 「〜したくてたまらない」というように**行為や動作に関する強い願望**を表す場合は**to不定詞**を使って **be dying to do〜** となります。"I'm dying to see her." 「どうしても彼女に会いたい」

あなたのための「伝わる」一言

- **I'm dying** for a cold drink.
  冷たい飲み物が欲しくてたまらない。

- **I'm dying** for a home-cooked meal.
  どうしても家庭料理が食べたい。

- **I'm dying** for ramen.
  ああ、ラーメン食いてぇ。

- **I'm dying** for a day off!
  ああ、丸一日休みたい!

- **I'm dying** to know the truth.
  どうしてもその真実が知りたいんだ。

- **I'm dying** to see a movie.
  ああ、映画が見たい。

  > 映画館で見る場合は see、家で見る場合は watch。

- **I'm dying** to see you smile.
  君の笑顔が見たいんだ。

  ★ 〈see+ 人 + 動詞の原形〉「…が〜するのを見る」

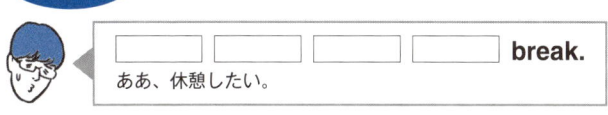

Exercise! こんなとき、なんと言う?

| | | | | break. |
ああ、休憩したい。

What? Are you saying you're working?
なにっ。それで働いてるつもりか。

回答例: I'm dying for a break.

| Phrase 34 | **I'm willing to 〜**
喜んで〜する／〜する覚悟がある |

I'm willing to help you.
》喜んでお手伝いしますよ。

➡ be willing to の後ろは必ず動詞の原形がきます。
「〜する意志がある」→「喜んで〜する」という意味で、**自発性**を表すフレーズですが、**積極性までは感じられません**。
"I'm glad to help you."（自発的かつ積極的）
「喜んでお手伝いします。／お助けできてうれしいです」
"I'm willing to help you, but I have no time."（自発的、やや消極的）「喜んでお手伝いしたいのですが、時間がないのです」

➡ 文脈や前後関係、口調によっては**強い覚悟**を表す場合もあります。
"I'm willing to die for justice."
「正義のためなら死も覚悟している」

あなたのための「伝わる」一言

- [ ] **I'm willing to** go with you.
  喜んでお伴しますよ。

- [ ] **I'm willing to** die for you.
  君のためなら死んでもいい。

- [ ] **I'm willing to** take the risk.
  危険は承知の上だ。

- [ ] **I'm willing to** hear you out.
  君の話は全部聞くつもりだ。

  ★ out（副詞）すっかり、完全に

- [ ] **I'm willing to** apologize if necessary.
  必要とあらば進んで謝罪するつもりです。

  ★ apologize 謝罪する

- [ ] **I'm not willing to** compromise on quality.
  品質で妥協するつもりはない。

  ★ compromise 妥協する

- [ ] **I'm not willing to** see her parents.
  彼女のご両親と会うのは気が進まないなぁ。

Exercise! こんなとき、なんと言う？

Can you finish this job by tomorrow?
この仕事を明日までに仕上げてくれないか。

☐ ☐ ☐ ☐ it, but I feel sick today.
やりたいのはやまやまなんですが、今日は具合が悪いんです。

回答例：**I'm willing to do** it, but I feel sick today.

◀ 39))

| Phrase 35 | I wonder ～
～だろうか |

I wonder if she knows that.
≫ 彼女はそのことを知っているんだろうか。

➡ 動詞のwonder はあることについて「**考えたり推測したりするけれど、もっと知りたいと思う**」という気持ちを表現します。
I wonder if [whether] ～「～だろうか（かどうか）と思う」
I wonder why ～「どうして～なのだろうか」
〈I wonder +疑問詞(when / where / what / who / which / how)〉の形。

➡ 「**驚き**」や「**いぶかしく思う気持ち**」なども表します。例えば、
"I wonder at his performance."「彼の仕事ぶりには驚くよ」
"I wonder about the possibility."「その可能性には疑問がある」
wonder at ～「～に驚く」 wonder about ～「～に疑問がある」

あなたのための「伝わる」一言

☐ **I wonder** why…
どうしてなんだ…

☐ **I wonder** why this happened.
どうしてこんなことが起こってしまったんだろう。

★ find out
はっきりわかる、気がつく

☐ **I wonder** how she found out.
彼女はどうやってそれがわかったんだろう。

☐ **I wonder** when this project will be completed.
このプロジェクトはいつ完成するんだろう。

★ complete 〜
〜を完成する

☐ **I wonder** if she'll accept my offer.
彼女は私の申し出を受けてくれるだろうか。

☐ **I wonder** about the truth of her report.
彼女の報告書の真偽については疑わしい。

☐ I couldn't help **wondering** at his skill.
彼の技術には驚くしかなかった。

★ can't help 〜ing 〜せざるをえない

Exercise! こんなとき、なんと言う?

| | | | **our boss was so angry.**
どうしてボスはあんなに怒ってたんだろう。

That's because you didn't admit your fault.
あなたが自分の非を認めなかったからよ。

回答例：I wonder why our boss was so angry.

Phrase 36

I wish ~
～ならいいのに

> **I wish** I could fly.
> ≫飛べたらなあ。

➡ 仮定法過去の〈wish+主語+過去形〉は、今現在のことを「～だったらいいのになあ」と、**現状がそうではないと知りつつも強く願望する**表現です。"**I wish I could fly.**" は現在の事実として「飛べない」のをわかった上で、「飛べたらなあ」と願望するわけです。"**I wish she were my girl.**"「彼女が僕のカノジョならいいのになあ」も同じです。wish の後ろのbe動詞はwereを使います。

➡ 仮定法過去完了の〈wish+主語+過去完了形（had+過去分詞）〉は、過去のことを「～だったらよかったのになあ」と、**過去の事実と反対のことを強く願望する表現**です。"**I wish I had succeeded.**"「成功してたらよかったのに」（＝実際には成功していなかった）

あなたのための「伝わる」一言

- **I wish** I could.
  できればいいんだけど。／残念だけど。

  ⚠ 上手く誘いを断るのに使えます。

- **I wish** I were ten years younger.
  10歳若かったらなあ。

- **I wish** he would disappear.
  あんなやつ消えてしまえばいいのに。

  ★ disappear 消える

- **I wish** every day could be like this.
  毎日がこんなだったらなあ。

- **I wish** I could tell you something helpful.
  何か役に立つことが言えればいいんだけど。

- **I wish** I had met her before my wife.
  妻より前に彼女に会えていたら。

- **I wish** I had prepared more.
  もっと準備しておいたらよかったのに。

  ★ prepare 準備する

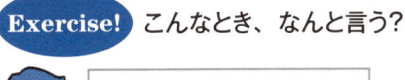

Exercise! こんなとき、なんと言う?

How about a drink?
一杯どう？

____ ____ ____ ____ . **Today is my daughter's birthday.**
残念ですが。今日は娘の誕生日なので。

回答例：I wish I could.

Phrase 37

If only ~
~でさえあればいのに

If only I had wings.
>> 翼がありさえすれば。

➡ **If only ~** は **I wish ~** とほぼ同じですが、**より強い願望**を表すフレーズです。用法としてはwishと同様に、現在の事実と異なることを願望する場合は仮定法過去〈**If only+主語+過去形**〉、過去の事実と異なることを願望する場合は仮定法過去完了〈**If only+主語+過去完了形(had+過去分詞)**〉となります。
"**If only I were younger.**"「もっと若ければいのに」
"**If only I had been there.**"「そこにいたらよかったのに」

➡ **I really wish ~** や **How I wish ~** なども **I wish ~** よりも強い表現です。使いすぎると大げさな感じがするので注意しましょう。

あなたのための「伝わる」一言

☐ **If only** I knew.
知ってればよかったんだけど。(知らなくて残念)

☐ **If only** life were so simple!
人生がそんなに単純なものなら！

☐ **If only** I could turn back the clock!
時間を戻すことができればいいのに！

☐ **If only** I could find a solution.
解決策が見つかりさえすれば。

☐ **If only** problems would come one at a time!
面倒は一度に一つでいいんだよ！

★ at a time 一度に

☐ **If only** she had told me the whole story.
彼女が全てを話してくれさえしていたら。

☐ **If only** I had the brain to understand.
理解できる頭がありさえすれば。

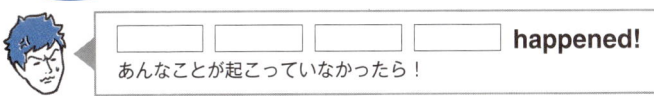

❗ 言い方によっては皮肉に聞こえます。

Exercise! こんなとき、なんと言う?

☐ ☐ ☐ ☐ **happened!**
あんなことが起こっていなかったら！

It's your own fault.
自業自得よ。

回答例：If only that hadn't happened!

Phrase 38

What if 〜?
もし〜ならどうする？

What if it rains?
≫雨が降ったらどうする?

➥ What if 〜?「〜ならどうする？」は、「問いかけ・不安」を表すのにとても**シンプルで使い勝手のいいフレーズ**です。"What will you do if it rains?"「雨が降ったらあなたはどうしますか」
→"What if it rains?"「雨が降ったらどうする？」

➥ 「提案」や「無関心・反発」もシンプルに表現できます。
"What if we meet this evening?"「今晩会うのはどうですか」
（丁寧な提案）
"What if I fail?"「失敗がなんだって言うんだ」（無関心・反発）

あなたのための「伝わる」一言

☐ **What if** nobody comes**?**
誰も来なかったらどうしよう。

☐ **What if** you have another chance**?**
もう一度チャンスがあるならどうする？

☐ Anyway, **what if** we try**?**
とにかく、やってみたらどうだろう。

☐ **What if** we move the desk a little**?**
机を少し動かしたらどうでしょう。

> 過去形の "moved" を使うとより丁寧に聞こえます。

☐ **What if** we stop this nonsense**?**
こんなバカげたことはやめたらどうでしょう。

☐ **What if** our customers see this**?**
顧客はこれを見たらどう思うだろう。

☐ **What if** I say "no" instead of "yes"**?**
「イエス」ではなく「ノー」と言ったらどうする？

★ instead of ~ ~の代わりに

Exercise! こんなとき、なんと言う？

Don't just sit there!
もたもたしないで！

Don't rush me. ☐ ☐ ☐ **get** ☐ **?**
そんなにせかすなよ。病気になったらどうするの？

回答例：What if I get sick?

ネイティブ式助動詞の使い方② どっちを使う!?

could と was able to

シーン

武勇伝を披露するあなた。
「奴をやっつけてやったぜ」
と自慢の一言をどうぞ。

couldを使うと I could knock him out.
奴をノックアウトすることは可能だった。

was able toを使うと I was able to knock him out.
奴をノックアウトすることができたんだ。

---

couldは過去の可能性、was able toは過去の能力を表します。

I could ～. 可能性はあったが、実際に行ったかどうか定かではない。

I was able to ～. 実際に「できた」という意味。

つまり今回の武勇伝を披露するシーンでの正解は **was able to**。

couldを使うと、話を聞いている方は "**Then, what did you do after all?**"（それで、結局どうしたの?）と武勇伝どころではなくなるかも。

Quiz! 次の一言にふさわしいのはどちらでしょう

「息子は2歳でもう泳げたんですよ」と親バカを一言。

① My son could swim at two.
② My son was able to swim at two.

答え：2歳で泳げるなら実際に泳いでいるはずなのでどちらも可ですが①が嫌味なくベター。

CHAPTER 3

> かゆいところに手が届く！

言えると助かる21パターン

突然ですが、「なんとか終わった」って英語で言えるでしょうか。
「しなかった」ではなく「し忘れた」、
「行かなかった」ではなく「行けばよかった」、
「ビールが飲みたい」ではなく「なんだかビールが飲みたいな」……
日本語でよく使う表現ほど、案外英語が出てこないものです。
そんな、言えると助かるフレーズを見ていきましょう。

Phrase 39

Do you mind ～?
～していただけませんか

Do you mind waiting here?
» こちらでお待ちいただいてもよろしいですか。

➡ **相手への丁寧な依頼**を表します。mindの後ろは動名詞がきます。
"**Do you mind shutting the door?**"「ドアを閉めていただけませんか」"**Do you mind opening the window?**"「（あなたが）窓を開けてもらえませんか」
行為を許可してほしい場合は Do you mind <u>my doing [if I do]</u>～?
"**Do you mind <u>my opening [if I open]</u> the window?**"
「（私が）窓を開けてもかまいませんか」

➡ 答え方にも注意が必要です。mindは「嫌がる」の意味なので、承諾するときは "**No, not at all.**"「かまいませんよ」、拒否するときは "**I'd rather you didn't.**"「できれば控えてください」などと答えます。

あなたのための「伝わる」一言

☐ **Do you mind** helping me?
手伝っていただけませんか。

☐ **Do you mind** saying that again?
もう一度おっしゃっていただけますか。

☐ **Do you mind** moving down one seat?
席を一つ空けていただけませんか。

★ move down 移動する

☐ **Do you mind** holding your tongue?
黙っていただけますかね。

★ hold one's tongue 黙る

☐ **Do you mind** my waiting here?
ここでお待ちしてもよろしいですか。

☐ **Do you mind** my drawing up the blind?
ブラインドを上げてもよろしいでしょうか。

★ draw up 引き上げる

☐ **Do you mind** if I sit here?
ここに座ってもかまいませんか。

Exercise! こんなとき、なんと言う?

☐ ☐ ☐ ☐ **me your number?**
電話番号を教えていただけませんか。

No, not at all. My husband and I share it.
ええ、かまいませんよ。夫と共用ですが。

回答例：Do you mind giving me your number?

Phrase 40 I was wondering if 〜
よろしければ〜していただけますか

> **I was wondering if** you could help me.
> 》よろしければお手伝いいただけますか。

➡「丁寧な依頼」をするのにとても便利なフレーズです。
"I was wondering if you could help me." は「もし手伝っていただけるとしたらどうかなと思っていたんですが…」、つまり、「手伝っていただけますか」と遠回しに依頼を表しています。
I was wondering if の後ろを過去形にするとより丁寧です。

➡後ろの文の主語を I にすると「丁寧に許可を求める」表現に。
"I was wondering if I could ask you a question."
→「もしあなたに一つ質問できればと思っていたんですが」
→「質問してもよろしいでしょうか」
「依頼」「許可」ともに Do you mind 〜? よりも丁寧な表現。

あなたのための「伝わる」一言

☐ **I was wondering if** you could tell me about it.
そのことについて話していただけませんか。

☐ **I was wondering if** I could ask you a favor.
一つお願いしてもよろしいでしょうか。

★ ask ~ a favor
　～にお願いする

☐ **I was wondering if** you could do me a favor.
一つお願いを聞いていただけますか。

★ do ~ a favor
　～の頼みを聞く

☐ **I was wondering if** you could give me a ride.
車に乗せていただけますか。

★ give ~ a ride ～を車で送る

☐ **I was wondering if** I could go home now.
帰ってもよろしいでしょうか。

☐ **I was wondering if** I could take a day off .
お休みを頂ければと思うんですが。

★ you'd=you would の短縮形

☐ **I was wondering if** you'd like to dance with me.
一緒にダンスはいかがでしょうか。

❗ ダンスが「可能か」ではなく「したいと思うか」を聞きたいので、would like to の方が could より自然。

Exercise! こんなとき、なんと言う?

| | | | | | | to go to the party with me. パーティーにご一緒いただけないでしょうか。

I'm sorry. I'll have to go abroad on business.
ごめんなさい。海外出張なんです。

回答例：I was wondering if you'd like to go to the party with me.

Phrase 41 Do you know+疑問詞〜?
〜か知っていますか

Do you know who he is?
》彼が誰だか知っていますか。

➡ 単に相手が「知っているかどうか」をたずねるだけではなく、会話を円滑にする効果があります。下の英文を比べてみましょう。
  ① Excuse me. Where is the station?
  ② Excuse me. Do you know where the station is?
①はやや唐突ですが、②は先に「〜はご存知ですか」と話しかけることで、すぐに質問するよりも相手に余裕を与えられます。

➡ ただし、文脈や言い方によって挑発的に聞こえる場合があります。例えば "Do you know what you're saying?"「自分が何を言っているのかわかっているのか」は「怒り」が伝わる可能性があります。〈Do you know +疑問詞〉の後は普通の文の語順かto不定詞です。

あなたのための「伝わる」一言

☐ **Do you know why** he's angry**?**
なぜ彼が怒っているかわかりますか。

☐ **Do you know when** the match starts**?**
試合はいつ始まるかわかりますか。

☐ **Do you know what** she really wants**?**
彼女が何を本当に求めているのか知っていますか。

☐ **Do you know where** the game will take place**?**
その試合はどこで行われるかわかりますか。

★ take place
行われる、起こる

☐ **Do you know what** you've done**?**
自分が何をしたのかわかっているの？

⚠ 疑問詞の後が you ~ になると挑発的な表現になりやすいです。

☐ **Do you know how** to buy a train ticket**?**
どうやって切符を買えばいいかわかりますか。

⚠ 自動販売機の前などで。

☐ **Do you know which** bus to take**?**
どのバスに乗ればいいかわかりますか。

Exercise! こんなとき、なんと言う?

| | | | | | ? |

僕の言いたい意味がわかるかい？

No, not exactly.
いえ、あんまり。

回答例：Do you know what I mean?

103

Phrase 42

疑問詞+do you think ～?
～は…だと思いますか

Who do you think he is?
>> 彼は誰だと思いますか。

➡ **相手の「考え」をたずねる**フレーズです。think「どう思うか」をたずねるため Yes / No では答えられません。従って、Do you think ～? ではなく、**〈疑問詞+do you think ～?〉という語順**になります。

"Do you know who he is?" "Yes, I do (=I know who he is)."
　　　　　　　＊質問の中心は「知っているかどうか」→ Yes / No が答えの中心

"Who do you think he is?" "I think he's Mr.Grey."
　　　　　　　＊質問の中心は「誰か」→ Mr.Grey が答えの中心

➡ 文脈や言い方によっては挑発的に聞こえる場合があるので、注意が必要です。"**Who do you think you are?**"「お前は何様のつもりだ」

あなたのための「伝わる」一言

☐ **What do you think** of that?
（それ）どう思う？
> 相手に意見や感想を求めるときの決まり文句です。

☐ **What do you think** you're doing?
いったいどういうつもりなの？
> 相手の失礼な行動に対して。

☐ **What do you think** of the new sales policy?
新しい営業方針をどう思う？

☐ **What do you think** should be done?
何がなされるべきだと思いますか。

☐ **Who do you think** will win the match?
誰が試合に勝つと思いますか。
> チームを話題にする場合もwhoを使います。

☐ **Why do you think** he's angry?
なぜ彼が怒っているのだと思いますか。

☐ **Who do you think** you're talking to?
誰に向かって話してるつもり？
> 相手の失礼な発言に対して。

Exercise! こんなとき、なんと言う？

☐ ☐ ☐ ☐ ☐ the boss's idea?
ボスの考えをどう思う？

Not bad. But we have other fish to fry.
悪くないね。でも他にやるべきことがあるよ。

回答例：What do you think of the boss's idea?

Phrase 43

be [look / seem] like ~
~のようだ

> You **are like** an angel.
> ≫君は天使のようだ。

➡ 最も単純で**使いやすい比喩表現**です。**この場合のlikeは**「好き」という動詞ではなく、「~のよう」という**前置詞**です。
"She's just like her mother."「彼女は母親によく似ている」
"He looks like a gorilla."「彼はゴリラのような外見をしている」
"Seconds seemed like minutes."「数秒が数分のようだった」
この場合のlikeは前置詞なので後ろに必ず名詞がきます。

➡ 他の動詞と組み合わせるとさらに表現の幅が広がります。
"She sings like a bird."「彼女の歌声は鳥のように美しい」
"Your eyes are like shining stars."「君の瞳は輝く星のようだ」

あなたのための「伝わる」一言

☐ You **look like** a different person.
まるで別人みたいだね。

☐ Don't **be like** that.
そんなことしちゃだめだよ。／そのようではいけませんよ。

☐ What **is** he **like**?
彼はどんな人ですか。
★ what +like「何の（どの）ような／どんな」
❗ 外見だけでなく性格や雰囲気も含みます。

☐ That **seemed like** a good idea, but it wasn't.
それは名案のようだったが、実際はそうではなかった。

☐ He works **like** a demon.
彼はまさに仕事の鬼だね。
★ work like a demon 鬼のように働く

☐ I eat **like** a horse and drink **like** a fish.
僕は大食いで大酒飲みです。
❗ eat like a horse, drink like a fish は慣用表現。

☐ There**'s** nothing **like** a beer after work.
仕事の後のビールは最高だよ。

★ there's nothing like ～ ～のようなものはない、～は最高だ

Exercise! こんなとき、なんと言う?

What's your new boss like?
新しい上司はどんな人なの？

☐ ☐ ☐ ☐ .
彼はまるでコンピュータみたいよ。

回答例：He's like a computer.

Phrase 44

feel like 〜
〜したい気がする

I feel like watching a movie.
≫（家で）映画でも見たい気分だな。

➡「〜したい」という意味で「願望」を表すフレーズです。
want to [wanna] do 〜も「〜したい」という意味ですが、そちらの方がより直接的な表現です。feel like doing 〜は元々「〜したいような気分」という意味なので、**より柔らかく聞こえます**。
feel like の後ろは動名詞がきます。
① I want to eat sushi.「すしが食べたい」
② I feel like eating sushi.「すしが食べたいな」
言い方にもよりますが、①はとにかく「すしが食べたい」「すし以外は考えていない」感じがします。②はそこまですしだけにこだわっている感じはしません。

あなたのための「伝わる」一言

☐ I **feel like** changing my hairstyle.
髪型でも変えようかな。

☐ I **feel like** breathing fresh air.
新鮮な空気でも吸いたい気分だな。
★ breathe ～を吸う、呼吸する

☐ I **feel like** going home early and sleeping.
早めに帰って寝たい気分だ。

☐ I **don't feel like** going out today.
今日は外出する気がしません。

☐ I **don't feel like** getting involved in that job.
そんな仕事には関わりたくありません。
★ get involved in ～ ～に関わる

☐ Do you **feel like** eating out for lunch?
ランチに外食でもしませんか。
★ eat out 外食する

☐ What do you **feel like** doing now?
今、何がしたい気分？

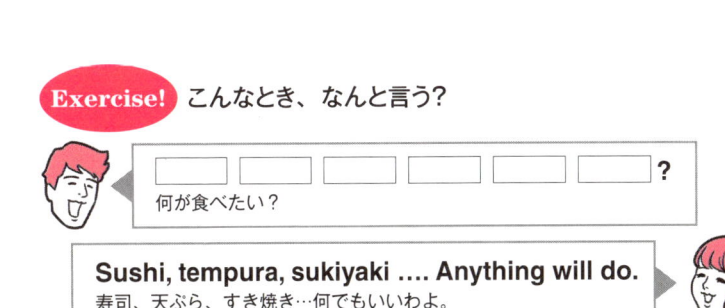

Exercise! こんなとき、なんと言う?

| | | | | | ? |

何が食べたい？

Sushi, tempura, sukiyaki …. Anything will do.
寿司、天ぷら、すき焼き…何でもいいわよ。

回答例：What do you feel like eating?

Phrase 45

forget to ~
～し忘れる

> I **forgot to** recharge my smartphone.
> ≫ スマホを充電し忘れてしまった。

➡ 「～し忘れる」という意味を表すフレーズです。「し忘れる」ということは結局のところ「**していない**」ことを同時に表します。
"**I forgot to write back.**"「返事を書くのを忘れた」
"**She forgot to close the window.**"「彼女は窓を閉め忘れた」

➡ 〈forget＋動名詞〉「～したことを忘れる」との区別が必要です。
① **He forgot posting the letter.**「彼は手紙を出したことを忘れた」
 →実際に「手紙を出した」が、そのこと自体を忘れてしまった。
② **He forgot to post the letter.**「彼は手紙を出し忘れた」
 →実際には「手紙を出していない」。

あなたのための「伝わる」一言

☐ I **forgot to** bring my umbrella.
傘持ってくるの忘れちゃったよ。

☐ I **forgot to** tell you one thing.
一つ伝え忘れていました。

☐ I **forgot to** make a reservation for dinner.
夕食の予約をし忘れちゃったよ。

★ make a reservation for ～
～の予約をする

☐ Don't **forget to** lock the door when you leave.
出るときに鍵をかけ忘れないように。

☐ Who **forgot to** flush the toilet?
誰だトイレを流し忘れたのは？

★ flush ～を（水で）勢いよく流す

☐ I might **have forgotten to** turn off the gas.
ガスの元栓を閉め忘れたかもしれない。

❗ 〈might have + 過去分詞〉
～したかもしれない

☐ You've **forgotten to** renew your visa, haven't you?
ビザの更新を忘れてないかい？

Exercise! こんなとき、なんと言う？

Why are you so late?
どうしてそんなに遅れるわけ？

Sorry. ☐ ☐ ☐ ☐ ☐ ☐ last night.
ごめん。昨夜、目覚まし時計をかけ忘れちゃったんだ。

回答例：**I forgot to set the alarm** last night.

◀50))

「使える」動詞型⑤

call

callの原義は「大声で叫ぶ」ですが、ここから「電話する」「AをBと呼ぶ／みなす」「呼び集める／召集する」「宣言する」などさまざまな意味が派生しています。とはいえ、日常的によく用いられる表現が多いので、原義を踏まえながら、それらを見ていきましょう。

□ Can you **call** me back later?

後で電話もらえますか。

! 返事としては、"OK, I'll call you back later."「わかった。後でかけ直すよ」"Sorry, I can't call you back today."「ごめん、今日はかけられない」などが自然ですね。

□ I'll **call** at your office.

ちょっとオフィスにおじゃまします。

! call at／on ～「～を訪ねる」ですが、atは場所、onは人を訪ねる場合に使います。call ～ in「～を呼び寄せる」、call for ～「～を要求する」なども重要な表現です。

call を使った表現いろいろ

- [ ] Nature's **calling**.
  トイレに行きたくなっちゃった。

- [ ] **Call** the police!
  警察を呼んで！

  > ❗ 医者 a [the] doctor（医者が決まっている場合は the）救急車は an ambulance

- [ ] Let's **call** it a day.
  さあ、今日（の仕事）はこれまでにしましょう。

  > ❗ 夜遅い場合は call it a night とも言います。

- [ ] Don't **call** me a loser.
  負け犬と呼ばないで。

- [ ] That's what I **call** a job well done.
  それが私の言ういい仕事というものよ。

- [ ] We're **calling** for a pay raise.
  我々は賃上げを要求しています。

- [ ] Life **calls** for courage and patience.
  人生、勇気と忍耐が必要です。

- [ ] This situation **calls** for a cool head.
  この状況では冷静な思考が求められます。

  > ❗「求める／要求する」の call for は受動態不可。

Phrase 46

Tell me 〜
〜を話してください

Tell me the secret.
》その秘訣を**教えてください**。

➡ 一見単純ですが、〈Tell me about 〜〉、〈Tell me +疑問詞〜〉、〈Don't tell me 〜〉など**さまざまな使い方**ができます。
"Tell me about your schedule."「予定について教えてください」
"Tell me why you did it."「どうしてそうしたのか教えてよ」
"Don't tell me you've forgotten!"「まさか忘れてないよね！」
→Don't tell me 〜＝「まさか〜じゃないよね」
"I'm so tired today." "Tell me about it."
「今日はとても疲れたよ」「わかるよ」（相手への同意を示す表現）
→"You don't have to tell me about it."「言わなくてもよい＝言わなくてもわかる」の省略形です。

あなたのための「伝わる」一言

☐ **Tell me** a little about yourself.
簡単に自己紹介してください。

❗ 初対面でよく使うフレーズです。

☐ **Tell me** about it.
それについて話して。／それはわかるよ。

☐ **Tell me** how you met her.
彼女との出会いを教えてください。

☐ **Tell me** why you think so.
どうしてそう思うわけ？

★ matter 問題である

☐ **Tell me** why it matters so much.
どうしてそれがそんなに問題なのか教えてください。

☐ **Tell me** what's on your mind.
気になっていることを教えてください。

★ on one's mind
気になっている

☐ **Don't tell me** you forgot your ID card!
まさか身分証明書を忘れてないよね！

Exercise! こんなとき、なんと言う?

> **I'm so upset!**
> 私は本当に怒ってるの！

> ☐ ☐ ☐ ☐ .
> ああ、わかってるよ。

回答例：Tell me about it.

Phrase 47

I told you ～
～だって言ったでしょ

I told you a hundred times.
》何百回も言ったでしょ。

➡ 単に言ったことを確認するだけではなく、言い方によっては**相手の無理解や不注意に対する「不満」や「いら立ち」**を表します。
"I told you so!"「そう言っただろ！／言わんこっちゃない」
"I told you that already."「そのことはもう言ったでしょ」

➡ **I told you**の後ろに〈**to不定詞**〉、〈**not + to不定詞**〉、〈**(that) + 主語 + 動詞**〉が続くパターンを覚えておきましょう。
"I told you <u>to stay</u> here."「ここにいるように言ったでしょ」
"I told you <u>not to go</u> there."「そこに行くなと言っただろ」
"I told you <u>I wouldn't accept</u> such an offer."
「そんな申し出は受け付けないと言ったでしょ」

あなたのための「伝わる」一言

- That's what **I told you**.
  言ったじゃないか。
  > 相手が助言や忠告を無視して痛い目にあった場合などに。

- **I told you** to be more careful.
  もっと注意するようにと言ったでしょ。

- **I told you** to leave home earlier than usual.
  いつもより早く家を出るように言ったでしょ。
  ★ than usual
  いつもより

- **I told you** not to do that.
  そんなことはするなと言ったでしょ。

- **I told you** not to talk about hair in front of him.
  彼の前で髪の毛の話はしないようにと言ったでしょ。

- **I told you** that was a waste of time.
  そんなことは時間の無駄だと言ったでしょ。
  ★ a waste of time
  時間の無駄

- **I told you** that you can't judge a book by its cover.
  外見で中身は判らないって言ったでしょ。
  > you can't judge a book by its cover は慣用表現です。
  > 「表紙で中身は判断できない」

Exercise! こんなとき、なんと言う?

I ☐ ☐ ☐ ☐ me your schedule for this weekend. 週末の予定を教えてって言ったじゃないか。

I told you that I wouldn't tell you.
教えないって言ったでしょ。

回答例：I told you to tell me your schedule for this weekend.

Phrase 48

I know you ～
あなたが〜なのはわかってます

> **I know you can do it.**
> 》君ならできる（とわかっている）よ。

➡ 相手の置かれた状況に対する「**理解**」を示したり、「**励まし**」たりする場合によく使います。「理解」の場合は、"I know you ～, but ..."「わかるけど、…」と but ... の前置きに使うことが多いです。
"**I know you were busy, but I waited for your call last night.**"
「忙しかったのはわかるけど、夕べ君の電話を待ってたんだ」（理解）
"**I know you can do it.**"「君ならできる」（励まし）

➡ 言い方によっては「もうあなたのことはお見通しだ」というように**相手をけん制する**意味にもなります。
"**I know you're faking.**"「下手な芝居はやめておけ」（けん制）

あなたのための「伝わる」一言

☐ **I know you**.
　お見通しだよ。

☐ **I know you**'re trying hard.
　君がとても努力してるのはわかってるよ。

☐ **I know you**'ll never say yes.
　君が首を縦に振らないことくらいわかってるよ。

☐ **I know you** studied very hard to pass the test.
　試験に合格するためにとても頑張って勉強したんだよね。

☐ **I know you** can, but you need some help.
　君ならできるさ。でも助けも必要だよ。

☐ **I know you**'re lying.
　嘘はお見通しだ。

☐ **I know you** worked hard, but that's not enough.
　一生懸命に頑張ったのはわかるよ。でもそれで十分ではないんだ。

Exercise! こんなとき、なんと言う?

> I'm so tired. But ☐ ☐ ☐ don't care.
> とても疲れてるの。あなたは興味ないでしょうけど。

> Don't be so sure.
> そんなに決めつけないでくれよ。

回答例：But I know you don't care.

Phrase 49

I never thought ～
まさか～とは思わなかった

I never thought it would happen. 》》そんなことになるとは思ってもみなかった。

➡ 思いもよらなかったことや予想外だったことなどを表現するフレーズです。言い方によって「落胆」や「幻滅」を表すこともできます。
"I never thought of that."「それは思いもよらなかった」
"I never thought he would cheat me."「彼が私を裏切るとは思わなかった」

➡ thought は過去形なので、I never thoughtの後ろは〈主語＋動詞の過去形〉、または〈主語＋助動詞の過去形〉が続きます（時制の一致）。
"I never thought it would rain."「雨が降るとは思わなかった」
"I never thought he was a liar."「彼が嘘つきだとは思わなかった」

あなたのための「伝わる」一言

☐ **I never thought** I'd see you here.
こんなところで会えるとは思ってもみなかったよ。
★ I'd = I would の短縮形

☐ **I never thought** it would end this way.
こんな終わり方になるとは思いもよらなかった。

☐ **I never thought** he'd be defeated.
彼が負けるとは思ってもみなかった。
★ be defeated 負ける

☐ **I never thought** I could get that far.
自分がそこまでやれるとは思ってもみませんでした。

☐ **I never thought** she'd get married to him.
彼女が彼と結婚するとは思わなかったよ。

☐ **I never thought** the Internet would change the world so much.
インターネットがこんなに世の中を変えるとは思わなかった。

☐ **I never thought** this could be purchased online.
これがネットで買えるとは思わなかったなあ。
★ purchase 〜 online ネットで〜を購入する

Exercise! こんなとき、なんと言う?

☐☐☐☐☐☐ **to you.**
あなたと結婚するとは思ってもみなかったわ。

That makes two of us.
僕も同じだよ（お互い様）。

回答例 : I never thought I'd get married to you.

Phrase 50

I managed to ～
なんとか～できました

> **I managed to** finish the job.
> 》なんとかその仕事をやりきった。

▶ 困難に出くわしたり、大変な状況にあっても「**なんとかできた**」ことを表現する場合によく使うフレーズです。
"I managed to get it done."「なんとかできました」
"I managed to make both ends meet."「なんとか帳尻を合わせたよ」

▶ 主語を変えれば表現に広がりができます。例えば、weを使うと、
"We managed to get the contract."「なんとか契約をモノにしたね」 苦労や何か大変なことを共有している感じが伝わります。
"He managed to meet the deadline."
「彼はなんとか締切に間に合わせたね」
第三者を主語にすると客観的描写・評価などが伝わります。

あなたのための「伝わる」一言

☐ **I managed to** catch the last train.
なんとか終電に間に合ったよ。

☐ **I managed to** get off the crowded train.
なんとか満員電車から降りることができたよ。
★ crowded train 満員電車

☐ **I managed to** install the software.
なんとかそのソフトをインストールしましたよ。

☐ **I managed not to** be late for the meeting.
なんとか会議に遅刻せずにすんだよ。
★ manage not to 〜 なんとか〜せずにすむ

☐ **We managed to** find the office.
私たちはなんとかそのオフィスを見つけることができました。

☐ **He managed to** persuade her.
彼はなんとか彼女を説得した。
★ persuade 〜を説得する

☐ **He managed to** survive in the rat race.
彼はなんとか出世レースに生き残ったね。
★ rat race 出世競争

Exercise! こんなとき、なんと言う?

何とか間に合ったよ。

Yes, you did … for a change.
そうね、いつもと違って。

回答例：I managed to be on time.

Phrase 51

should have ～
～すればよかった

> **I should have told you.**
> ≫ あなたに話しておけばよかった。

➡ 〈should have+過去分詞〉は「〜すべきだった（のに）」と過去を振り返って「**後悔**」を表すのに使うフレーズです。
"I should've waited."「待つべきだった（のに）」というように、「**逆だったらよかった**」という意味を含みます。
should've は should have の短縮形です。

➡ 主語がI以外でも「後悔」や「残念」の意味を表すのは同じですが、主語や言い方によっては「**批判**」や「**忠告**」にも聞こえます。
"You should have done it immediately."
「君はすぐにやるべきだった」
"She should have paid attention."「彼女は注意を払うべきだった」

あなたのための「伝わる」一言

☐ I **should have** brought my umbrella.
傘持ってくるんだった。

☐ I **should've** studied more in college.
学生時代にもっと勉強しておけばよかった。

☐ I **should have** known better.
なんてバカだったんだろう。

★ know better
分別がある

☐ I **should have** juiced up my smartphone.
スマホ充電しとけばよかった。

★ juice up = recharge
〜を充電する

☐ You **should have** been more careful.
あなたはもっと注意すべきだったのよ。

☐ He **should have** apologized to his boss.
彼は上司に謝罪すべきだった。

★ apologize to
〜に謝罪する

☐ I **shouldn't have** said that.
あんなこと言わなきゃよかった。

❗ should not have *done* 〜
〜しなければよかった（のに）

Exercise! こんなとき、なんと言う?

[　　　] [　　　] [　　　] [　　　] **the tickets.**
チケット買っとけばよかった。

It's okay. I already have one for me.
大丈夫よ。もう自分の分は持ってるから。

回答例：I should have bought the tickets.

Phrase 52

might have ~
～だったかもね

> You **might have** talked too much.
> 》あんたはしゃべりすぎ**たかもね**。

➡ 〈might have+過去分詞〉は「〜だったかもしれない」と過去を推量するときに使うフレーズです。
"She might have felt nervous."「彼女は心配だったのかも」
"Your words might have hurt her."
「君の言葉は彼女を傷つけたかもしれない」

➡ at least「少なくとも」を加えて、ちょっとしたいらだちや残念な気持ちを伝えることもできます。
"You might have at least helped me."
「助けてくれてもよかったのに」
"You might have at least informed me."
「せめて私に伝えてくれてもよかったのに」

あなたのための「伝わる」一言

☐ She **might have** been disappointed.
彼女はがっかりしたかもしれません。
★ be disappointed がっかりする

☐ He **might have** already left the office.
彼はもうオフィスを出たかもしれない。

☐ You **might have** been busy recently.
あなたは最近忙しかったかもしれませんね。
★ recently 最近

☐ I **might have** said something like that.
確かにそのようなことは言ったかもしれません。

☐ He **might have** gone too far.
彼は度が過ぎたかもしれませんね。
★ go too far 度が過ぎる

☐ You **might have** missed my email.
私のメールを見逃しているかもしれませんので。
❗ 同じメールを再送するときなどに。

☐ You **might have** at least called me.
電話くらいくれてもよかったんじゃないの。

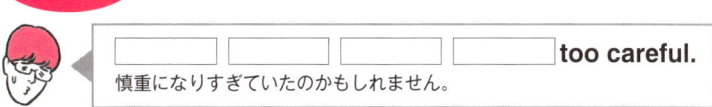

Exercise! こんなとき、なんと言う?

| | | | | **too careful.** |

慎重になりすぎていたのかもしれません。

Forget about the past.
そんな過去は忘れなさい。

回答例: **I might have been** too careful.

英語と日本語の感覚の違い

ところ変われば感覚も変わります。日本人から見れば思わず「なんでそうなるの?」と言いたくなるような意外な意味を持つ英語をいくつかご紹介しましょう。

pull one's leg
×足をひっぱる 〇からかう、だます

> "Don't pull my leg." は「足を引っ張るなよ」ではなく「からかうなよ」という意味です。"It's not true. I'm just pulling your leg." は「うそだよ。ただからかってみただけさ」いう意味になります。「足を引っ張るなよ」と言いたいときは、"Don't drag me down." や "Don't get in my way." などと言いましょう。

wash one's hands of ~
×~から手を洗う 〇~から足を洗う

> "He got involved in insider trading, but soon washed his hands of it."
> 「彼はインサイダー取引に手を染めたが、すぐに)足を洗った」
> たしかに、何か良くないことをやめる場合には「足」よりも「手」を洗う方が自然な感じがします。ちなみに get involved in は「~に巻き込まれる、~に関わる」という意味です。

poke one's nose into ～
×～に鼻を突っ込む　○～にクビを突っ込む

! "He likes to poke his nose into other people's affairs."
「彼は人のことにクビを突っ込みたがる」
よく考えると、たしかに「クビ」を「突っ込む」のは物理的に厳しいですね。「突っ込む」のは「noseの方」と覚えるといいかもしれません。

more than three people
×3人以上　○4人以上

! more than ～の意味は「～より多い」なので、more than three people は「3人より多い」つまり、「4人以上」となります。threeを使って「3人以上」と言いたい場合には、"three or more people" と表現します。

×I persuaded her, but I couldn't.
○I tried to persuade her, but I couldn't.
私は彼女を説得したが、上手くいかなかった。

! 日本語と比べると、英語の他動詞には「結果まで含意する」ものが多くあります。例えば、learnの意味は「学び取る」なので、"I learned English, but I can't speak it." は不自然です（learnedではなくstudiedなら可）。

Phrase 53

That's what ～
それが～というものです

That's what I mean.
》それが私の言いたいことですよ。

➡ 相手の発言に対して「それだよそれ！」といった感じで**同調したり**、ちょうど話題に上ったことを指して、「だから、それが～だよ」と、**その意味することを確認する**ときなどに使うフレーズです。
"That's what I told you." 「それがあなたに言ったことですよ」
"That's what we should do." 「それこそ我々がやるべきことです」

➡ 言い方によっては**悟りきった**、または**諦めた発言**にも聞こえます。
"That's what life is all about." 「結局、人生はそんなもんだよ」
"That's what I thought." 「そんなことだろうと思ってたよ」
what の後ろには〈主語＋動詞〉が続きます。

あなたのための「伝わる」一言

☐ **That's what** I say.
そういうことですよ。／あなたの言う通りですよ。

☐ **That's what** I want.
それが私の望みです。／私もそうしたいわ。／もちろんいいわよ。

☐ **That's what** business is all about.
結局のところそれが仕事ってものですよ。

★ all about
つまるところ、要は

☐ **That's** just **what** I'm thinking about.
ちょうど私もそれを考えてるところなの。

☐ **That's what** you do.
それがいつものあなたのやり方ね。

❗ 相手の言動をやり玉にあげて。

☐ **That's not what** I want to know.
それは私が知りたいことではありません。

❗ 否定形は That's not what 〜.
「それは〜ではない」

☐ **That's not what**'s important right now.
それは今重要なことではありません。

Exercise! こんなとき、なんと言う？

> **I wanna break up with you.**
> あなたと別れたいの。

☐ ☐ ☐ ☐ ☐ ☐ .
それが聞きたかったんだよ。

回答例：That's what I wanted to hear.

Phrase 54

That's how ~
そのように~する

That's how we first met.
≫ そんなふうにして私たちは出会ったのです。

→ "That's how we do this." 「それが私たちがこれをやる方法だ」「そんなふうにして私たちはこれをやるんだ」というように、相手に**方法**や**やり方**を伝えるフレーズです。
"That's how this song was born." 「そんなふうにしてこの曲ができたんです」のように、物事の**経緯**を伝えることもできます。
howの後ろには〈主語＋動詞〉が続きます。

→ 悟りや諦めとともに**物事のありよう**を語るときにも使えます。
"That's how life goes." 「人生ってのはそうなるものなんだよ」
"That's how things really are." 「現実はそういうものです」

あなたのための「伝わる」一言

☐ **That's how** I feel.
そういうふうに私は感じます。

☐ **That's how** the project started.
そうやってプロジェクトが始まったんです。

☐ **That's how** I found the solution.
そのようにして私は解決策を見つけたんです。
★ solution 解決(策)

☐ **That's how** the world is.
それが世の中ってやつよ。／世の中そんなものです。

☐ **That's how** it should be!
それがあるべき姿です！／そうこなくっちゃ！

☐ **That's how** the economy will pick up.
そのようにして経済は回復するのです。
★ pick up 改善する

☐ **That's how** he's moved up the ladder.
そうやって彼は出世してきたんです。
★ ladder はしご、出世階段

Exercise! こんなとき、なんと言う?

How about leaving your wife and marrying me?
奥さんと別れて私と結婚する？

[　　　] [　　　] [　　　] **killing me.**
そうやって君はぼくをきりきり舞いさせるわけだ。

回答例：That's how you're killing me.

Phrase 55

It doesn't matter ～
～だろうと関係ない

It doesn't matter to me.
>> 私には関係ありません。／どうでもいいですよ。

➡ "It doesn't matter what you say." 「あなたが何を言おうと問題ではありません」というように、「そんなことはどうでもいいことだ」「それは関係ない」と他者の言動や出来事・状況などについて重要性がないことを伝える便利なフレーズです。
"It doesn't matter to me if my husband comes home."
「夫が帰宅するかどうかは私にはどうでもいいわ」

➡ 〈It doesn't matter + if [whether] 主語+動詞〉「～かどうかは関係ない」と〈It doesn't matter + 疑問詞 (what / where / when など) + 主語+動詞〉の二つの形を覚えましょう。何も続けずに "It doesn't matter." 「問題ないよ」と言うこともできます。

あなたのための「伝わる」一言

- [ ] **It doesn't matter** so much.
  さほど問題ではないですよ。

- [ ] **It doesn't matter** whether it's right or wrong.
  正しいか間違っているかの問題じゃありません。

- [ ] **It doesn't matter** what people say.
  人が何と言おうと関係ありません。／言わせておけばいいのよ。

- [ ] **It doesn't matter** if we lose.
  負けたっていいじゃない。／負けてもともとよ。

- [ ] **It doesn't matter** where he lives.
  彼がどこに住んでいるかは関係ありません。

- [ ] **It doesn't matter** what his nationality is.
  国籍がどこかは関係ありません。

  ★ nationality 国籍

- [ ] **It doesn't matter** how long you've worked.
  どれだけ長く働いてきたかはどうでもいいんです。

Exercise! こんなとき、なんと言う?

> **I failed the exam again.**
> また試験で失敗しちゃったの。

> ☐ ☐ ☐ **. You can try again.**
> そんなの何でもないよ。またトライすればいいさ。

回答例：It doesn't matter.

Phrase 56

used to ~
よく~したものだ／~だった

> **I used to** go fishing.
> ≫よく釣りに行ったなあ。

➡️ 「**過去の習慣**」や「**過去の状態**」を表すフレーズです。
"I used to play baseball." 「よく野球をやったなあ」（過去の習慣）
"I used to live there." 「以前そこに住んでいました」（過去の状態）
used to の後ろには必ず動詞の原形が続きます。

➡️ このフレーズは「過去は~だったが**今はもうそうではない**」の意味が含まれていて、後ろに but ... が続く場合が多いのも特徴です。
"I used to see that girl near my house, but I don't know where she lives now." 「以前その女の子はよく家の近くで見かけたけれど、今彼女がどこに住んでいるのかわからない」

あなたのための「伝わる」一言

☐ I **used to** go to Disneyland.
以前はよくディズニーランドに行ったものだ。

☐ There **used to** be a theater here.
以前ここに劇場があったんだよ。

> ❗ be動詞や状態を表す動詞と組み合わせると「今は違う」という意味が強調されます。

☐ I **used to** be a mischievous boy.
昔はやんちゃ坊主でした。

☐ She **used to** be pretty.
彼女はかわいかったんだけどねぇ。

☐ He **used to** be a good man, but he's changed.
彼は前はいい人だったんだけど、変わってしまったよ。

☐ I **used to** have more confidence in my English.
自分の英語に自信があったんだけどなあ。

★ confidence 自信

☐ I **used to** think that it was a rural area.
前は田舎だと思ってたんだけどなあ。

★ rural 田舎の

Exercise! こんなとき、なんと言う?

☐☐☐☐.
君も優しかったんだけどねぇ。

Well, I may be too kind to you now.
ええ、今は優しすぎるかもしれないわねぇ。

回答例：You used to be kind.

Phrase 57

would ~
よく~したものだ

> **I would often travel alone.**
> 》昔はよく一人旅をしたものだ。

➡️ 「**過去の習慣的な動作・行為**」を表すフレーズです。would は will の過去形なので意志や意図のニュアンスを含む場合もあります。
"**I would often play soccer.**"「昔はよくサッカーをしたもんだ」
"**I would go swimming on Sundays.**"
「日曜日はよく水泳に行ったものだ」（過去の習慣的行為）
would の後ろは動詞の原形です。

➡️ used to と違い、「過去の状態」を表すことはできません。
　○ **There used to be a theater here.**「ここには映画館があった」
　× **There would be a theater here.**
　× **I would be more active.**　これも「状態」なので×です。

あなたのための「伝わる」一言

- [ ] I **would** go to the movies every Saturday.
  毎週土曜日、映画を見に行ってたなあ。

- [ ] I **would** often help my mother with cooking.
  よく母親の料理を手伝ったものでした。

- [ ] I **would** work overtime in those days.
  当時はよく残業したよ。

  ★ work overtime 残業する

- [ ] I **would** have heated discussions with them.
  彼らとはよく熱い議論を戦わせたものでした。

- [ ] The boss **would** tell us to work harder.
  その上司は我々にもっと働くように言っていました。

- [ ] My wife **would** complain about my low salary.
  妻はおれの安月給に不満たらたらだったなあ。

  ★ complain about ~ ~のことで不平を言う

- [ ] I **would** wonder why she was so negative.
  彼女はどうしてそんなにネガティブなのかと思っていたよ。

Exercise! こんなとき、なんと言う?

I ☐ ☐ ☐ a walk in the morning.
朝、よく散歩したなあ。

These days, you often take a walk at night.
最近は夜もよく散歩してるわね。

回答例：I would often take a walk in the morning.

Phrase 58

I've never ~
～したことがない

> **I've never** thought of that.
> » そんなことは考えたこともない。

➡ 「これまで～した**経験がない**」ということを表現するフレーズです。**I've**は**I have**の短縮形です。
  "I've never watched that movie." 「その映画は見たことがない」
  "I've never visited France." 「フランスは行ったことがない」

➡ 「一度もない」ことを強調することで「**驚き**」や「**感動**」を表現できます。比較級や**so, such**などと使うと一層効果的です。
  "I've never been happier." 「今までで一番幸せです」
  "I've never seen such a beautiful flower."
  「そんなに美しい花は見たことがありません」

あなたのための「伝わる」一言

☐ **I've never** seen her.
彼女に会ったことは一度もありません。

☐ **I've never** been abroad.
私は海外に行ったことがないんです。

☐ **I've never** felt this way.
こんな気持ちは初めてだよ。

☐ **I've never** heard such an interesting story.
それほど興味深い話を聞いたのは初めてです。

☐ **I've never** felt so alive.
こんなに生き生きとした気分は初めてです。

★ quit 〜をやめる

☐ **I've never** thought of quitting rock 'n' roll.
オレはロックンロールをやめるなんぞ考えたこともねえぜ。

☐ **I've never** tried such a challenging job as this.
これほど面白そうな仕事は初めてです。

★ challenging
興味深いが難しい

Exercise! こんなとき、なんと言う?

☐ ☐ ☐ ☐ ☐ **without you.**
君なしで暮らすことなんて考えたこともないよ。

I often think of that.
私はよくあるわ。

回答例：I've never thought of living without you.

Phrase 59

I'm in ～
～中です

> **I'm in** deep trouble.
> ≫ すごく困ってるんだ。

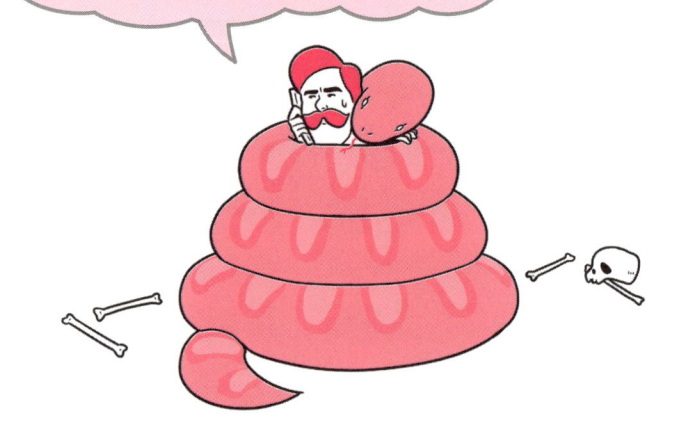

➡ 「～の状況にある」「～の最中だ」という意味のフレーズです。
　I'm は I am の短縮形です。
　"I'm in the lobby."「今、ロビーにいます」
　"I'm in a meeting."「会議に出席中です」
　"I'm in my early thirties."「私は30代前半です」

➡ 状況や状態に加えて、気分や気持ちを表すこともできます。
　"I'm in a bad mood today."「今日は機嫌が悪いんです」
　"I'm in heaven!"「気分は最高！」
　I'm in の後ろには名詞が続きます。

あなたのための「伝わる」一言

☐ **I'm in**!
よし、乗った！／ああ、やろうよ。

☐ **I'm not in**.
今、留守にしています。

★ I'm not in. = I'm out.

☐ **I'm** always **in** high spirits.
オレはいつもごきげんだぜ。

★ in high [low] spirits
気分がいい [悪い]

☐ **I'm in** a very difficult situation now.
今とても難しい状況にいるんだ。

☐ **I'm not in** the mood to drink now.
今は飲みに行く気がしない。

☐ **I'm in** two minds about marrying her.
彼女と結婚するのにはまだ迷っているんだ。

★ in [of] two minds
迷っている

☐ **I'm in** the hot seat because of a bad mistake.
ひどい過ちのせいで苦境に立たされています。

★ hot seat
苦境、（極刑用の）電気椅子

Exercise! こんなとき、なんと言う?

Sorry. ☐☐ a ☐.
ごめん、急いでるんだ。

Okay. Call me later.
わかった。後で電話してくれ。

回答例：**I'm in a hurry[rush]**.

ネイティブ式助動詞の使い方③　どっcheckを使う!?

should と had better

シーン
和食が大好きな彼女と寿司屋でデート。「日本酒も飲んでみた方がいいよ」と一言。

shouldを使うと → **You should try *sake*.**
日本酒を飲んでみたらどうだい。

had betterを使うと → **You'd better try *sake*.**
日本酒を飲んでみるべきだ。

---

shouldは一般的に用いられ、had betterの使い方はshouldより限定的。
　You should ～.　相手にある行動を勧める、またはするよう助言する。
　You'd better ～.　強い忠告として、またはしないと困る場合に使う。
つまり今回のお酒を勧めるシーンでの正解は**should**。
had betterを使うと「酒を飲むよう強要された」と訴えられるかも？　ちなみに口語では短縮形の'd betterを使うのが普通です。

Quiz! 次の一言にふさわしいのはどちらでしょう
とても具合が悪そうな同僚に「医者に行ったほうがいい」と一言。

① **You should go to the doctor right now.**
② **You'd better go to the doctor right now.**

答え：軽く勧めるなら①ですが、強く忠告するなら②。この場合は②の方が良いでしょう。

CHAPTER 4

こなれた会話もお手の物！

デキる大人の 19 パターン

よく「英語に敬語は存在しない」という話を聞きますが、
丁寧な言い回しというものはしっかり存在します。
特にビジネスでは、相手に失礼がないよう気をつけたいですよね。
「ぜひ〜したい」「〜だとありがたいのですが」「勝手ながら〜」など、
一味違う「デキる大人」のフレーズを見ていきましょう。

Phrase 60

I'm on ~
〜しているところです

I'm on a diet.
》ダイエット中なんです。

➡「〜**している**ところ」「〜**している**最中」という意味のフレーズです。I'm in 〜 がある「状態にある」のに対して、I'm on 〜 は「**動作が行われている**」「**時間が費やされている**」ことを表します。
"I'm on my computer."「コンピュータで作業中です」
"I'm on a bus."「バスで移動中です」

➡「ある場所（の上）にいる」ことを表すのにも使われます。
"I'm on the top floor."「今、最上階にいます」
"I'm in a meeting room on the third floor."
「今、3階の会議室にいます」
→on は「上に」乗っている、in は「中」にいる感じです。

あなたのための「伝わる」一言

- **I'm on** a trip.
  今、旅行中です。

  ★ line（電話などの）回線

- **I'm on** another line. Just a moment, please.
  今、別の電話に出ているので、少しお待ちください。

- **I'm on** it.
  今やります。／もうやってるよ。

  ⚠ 状況や口調で伝わり方が変わるので注意。

- **I'm on** my way. Wait a little longer.
  今、向かっている途中です。もう少し待ってください。

- **I'm on** my way to the station.
  今、駅に向かっている途中です。

- **I'm** always **on** your side.
  僕はいつも君の味方だよ。

  ★ on one's side ～の味方、の側に

- **I'm on** a roll at the moment …
  今、乗っているところなので…

  ★ on a roll 調子がよい、乗っている
  ⚠ 仕事の最中に食事に誘われた際などに。

Exercise! こんなとき、なんと言う?

> It's already eleven. Where are you now?
> もう11時だよ。今どこにいるの。

> Don't worry. ☐ ☐ ☐ ☐ ☐ now.
> 心配しないで。今、帰宅中よ。

回答例：I'm on my way home now.

Phrase 61

It seems ～
～のようだ

> **It seems** strange.
> ≫変な感じですね。

➡ 「～のようだ」「～のように思われる」という意味で、**推測**や**印象**、**間接的な判断**などを表すフレーズです。
"It's useful." 「それは役立つ」（直接的判断、断言）
"It seems useful." 「役立ちそうだ」（**間接的判断、断言を避ける**）

➡ 〈It seems ～ to不定詞...〉〈It seems (that) +主語+動詞〉〈It seems like+名詞〉の主要3パターンで表現の幅が広がります。
"It seems good to ask him." 「彼に聞くのがよさそうだ」
"It seems he knows her." 「彼は彼女を知ってるようだ」
"It seems like a big mistake." 「それは大きな間違いのようだ」

あなたのための「伝わる」一言

☐ **It seems** lucky.
運がいいみたい。

☐ **It seems** like yesterday.
昨日のことのようです。

☐ **It seems** better to wait until tomorrow.
明日まで待つ方がよさそうね。

☐ **It seems** hard to do both things at once.
一度にその二つをやるのは難しそうです。

★ at once 一度に

☐ **It seems** that there are a lot of problems.
多くの困難がありそうです。

★ for one's own sake 自身の利益のために

☐ **It seems** that he does everything for his own sake.
彼は自分の利益のためなら何でもするようね。

☐ **It seems** natural that we cooperate.
私たちが協力するのは当然のように思えますが。

★ cooperate 協力する

Exercise! こんなとき、なんと言う?

☐☐☐☐☐ **made a mistake.**
僕がミスしたのは明らかなようです。

Don't worry. There will be another chance.
気にしないで。またチャンスがあるわよ。

回答例: It seems clear that I made a mistake.

◀ 67))

Phrase 62

I'm sure ～
きっと〜だ／〜だと確信している

I'm sure you'll like it.
》きっと気に入りますよ。

➡️ 「きっと〜だ」と確信していることを伝えるフレーズです。
〈I'm sure (that) +主語+動詞〉の形が多く使われます。
"I'm sure he'll pass the exam." 「彼はきっと試験に受かるよ」
"I'm sure that our team will win." 「我々のチームがきっと勝つ」

➡️ 〈I'm sure of (about)+名詞〉〈I'm sure + to不定詞〉のパターンも押さえておくと便利です。
"I'm sure of my success." 「私は自分の成功を確信しています」
= "I'm sure that I'll succeed." = "I'm sure to succeed."
to不定詞は他者でなく「自分がきっと〜する」場合のみ使えます。

あなたのための「伝わる」一言

- [ ] **I'm sure** of it.
  私はそれを確信しています。

- [ ] **I'm sure** you'll be satisfied.
  あなたはきっとご満足されますよ。

- [ ] **I'm sure** this will cause another problem.
  これはきっとまた別の問題を引き起こすでしょう。
  ★ cause 〜を引き起こす

- [ ] **I'm sure** we can find a solution.
  私たちはきっと解決策を見つけられます。
  ★ solution 解決(策)

- [ ] **I'm not sure** why she said no.
  彼女が断った理由はよくわかりません。

- [ ] **I'm sure** to arrive in time.
  きっと間に合うように着きます。

- [ ] **I'm sure** that the economy will pick up.
  経済が好転することを確信しています。
  ★ pick up 改善する

Exercise! こんなとき、なんと言う?

I've decided to marry her.
彼女と結婚することに決めたんだ。

きっと後悔するぞ。

回答例:I'm sure you'll regret it.

Phrase 63

I'm afraid ～
～ではないかと思う／残念だが～

> **I'm afraid** you have the wrong number.
> ≫失礼ですが、電話番号をお間違えのようです。

➡「～ではないかと思う」「残念ながら～」など懸念や遺憾を表すフレーズです。〈I'm afraid (that) +主語+動詞〉の形が多く使われます。
"I'm afraid I can't agree." 「残念ですが同意できません」
"I'm afraid I'm lost." 「道に迷ってしまったようです」
"I'm afraid you are wrong." 「あなたが間違っていると思うのです」

➡〈I'm afraid of +名詞/動名詞〉で「～を恐れる」「～が怖い」など怖れや危惧を表すパターンも覚えておきましょう。
"I'm afraid of dogs." 「私は犬が怖いんです」
"I'm afraid of losing my job." 「仕事を失うのが怖いんです」

あなたのための「伝わる」一言

☐ **I'm afraid** I can't.
残念ですができません。

☐ **I'm afraid** you may be right.
残念ながらあなたの言う通りかもしれない。

★ spoil ～を損なう、台無しにする

☐ **I'm afraid** this might spoil your image.
これがあなたのイメージを損なうのではないかと心配です。

☐ **I'm afraid** that it will take a lot of time.
かなり時間がかかるのではないかと思います。

☐ **I'm afraid** our customers don't understand the advantage.
お客はその利点を理解できないんじゃないかと思うんですが。

☐ **I'm afraid** of myself.
自分がこれからどうなるか怖い。

❗ どうなるかわからないという不安、自慢を表すときに。

☐ **I'm afraid** of getting older.
年は取りたくないわ。

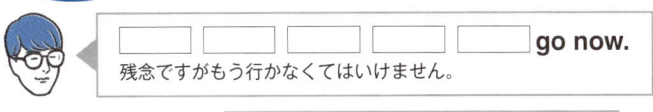

Exercise! こんなとき、なんと言う?

☐ ☐ ☐ ☐ ☐ **go now.**
残念ですがもう行かなくてはいけません。

Please say hello to your wife.
奥様によろしくお伝えください。

回答例：I'm afraid I have to go now.

Phrase 64

I'm sorry ～
～でごめんなさい／～は残念です

I'm sorry, I can't do that.
≫すみませんがそれはできません。

➡「謝罪」や「後悔」を表すおなじみのフレーズです。
"I'm sorry I was childish."「大人げなくてすみませんでした」
"I'm sorry I said that."「そんなことを言ってごめんなさい」

➡「残念・遺憾」や、言いにくいことの前置きとしても使います。
① I'm sorry I can't help you.「すまないが君の役には立てない」
② I'm sorry you don't understand me.「理解されず残念です」
③ I'm sorry, but I don't love you.「悪いが、君を愛していない」
①〈I'm sorry I can't ～〉②〈I'm sorry + 自分以外の主語～〉
は「遺憾」、③の〈I'm sorry, but ～〉は「前置き」です。

あなたのための「伝わる」一言

- [ ] **I'm sorry** I'm late.
  遅れてすみません。

  🛈 遅刻したときの決まり文句です。

- [ ] **I'm sorry** I missed your call.
  電話に出られずにすみませんでした。

  🛈 これも決まり文句です。

- [ ] **I'm sorry** I took up your time.
  時間を取らせてしまってすみません。

- [ ] **I'm sorry**, I can't drink today.
  すみません、今日は飲めないんです。

  🛈 車の運転があるときなど。

- [ ] **I'm sorry**, but I don't agree.
  すみませんが、賛成できません。

- [ ] **I'm sorry** you weren't at the meeting.
  あなたが会議にいらっしゃらなかったのは残念です。

- [ ] **I'm sorry** the photo doesn't describe the mood.
  残念ながら写真では雰囲気が伝わらないんですよね。

Exercise! こんなとき、なんと言う？

| | | | | **you today.**

ごめんね、今日は会えないんだ。

I know. You've been so busy these days.
わかってるわ。このところ忙しいもの。

回答例：**I'm sorry I can't see** you today.

Phrase 65

I'm sorry to ~
~してすみません

I'm sorry to call you so late.
≫ こんなに遅く電話してごめんなさい。

➡ I'm sorry to ~. は「謝罪」や「遺憾」の意を表すフレーズです。
"I'm sorry to be late."「遅れてすみません」
（これから遅刻しそうなときに使うのが一般的です）
to の後ろは動詞の原形がきます。

➡ 〈I'm sorry for + 名詞／動名詞~〉も謝罪や遺憾の意を表しますが、後ろに名詞（または動名詞）が続くことに注意しましょう。
"I'm sorry for the trouble."「ご迷惑をおかけしてすみません」
"I'm sorry for being late."「遅れてすみません」
（少しかたい感じがするので、"I'm sorry I'm late." の方が一般的）

あなたのための「伝わる」一言

☐ **I'm sorry** to interrupt you.
お邪魔してすみません。

★ interrupt さえぎる、割って入る
❗ 会話や作業をしている相手に対して。

☐ **I'm sorry** to give you so much trouble.
多大なご迷惑をおかけしてすみません。

☐ **I'm sorry** to hear about your wife.
奥様のことをお聞きしてお気の毒に思います。

☐ **I'm sorry** to disturb you when you are busy.
お忙しいところご迷惑をおかけしてすみません。

★ disturb 邪魔する
　　　　　迷惑をかける

☐ **I'm sorry** for my slow response.
返信が遅くなってすみません。

☐ **I'm sorry** for the delay.
遅くなってすみません。

❗ 仕事や作業などの遅れに対して。
遅刻以外の何にでも使えます。

☐ **I'm sorry** for the inconvenience.
ご不便をおかけしてすみません。

★ inconvenience 不便

Exercise! こんなとき、なんと言う?

| | | | | **that you'll leave the company.**
君が会社を辞めると聞いてとても残念だよ。

I decided because of your pressure.
あなたの肩たたきのおかげで決めました。

回答例: I'm sorry to hear that you'll leave the company.

Phrase 66

I'm tired ~
~にはうんざり／~して疲れている

> **I'm tired** of this nonsense.
> ≫このバカげたことはもううんざりだ。

→ 〈**I'm tired of** + 名詞／動名詞~〉は「**~にはうんざりだ**」というフレーズです。**of**の後ろは「うんざりするもの」が続きます。
"**I'm tired of his attitude.**"「彼の態度にはうんざりだ」
"**I'm tired of eating fried chicken.**"「フライドチキンは食べ飽きた」
同意表現の**I'm sick of / I'm fed up with**も覚えておきましょう。

→ 〈**I'm tired from** + 名詞／動名詞~〉は「**~して疲れている**」というフレーズです。**from**の後ろは「疲れの原因」が続きます。
"**I'm tired from the work.**"「その仕事で疲れてます」
"**I'm tired from walking all day.**"「一日中歩いて疲れたよ」

あなたのための「伝わる」一言

☐ **I'm tired** of his big talk.
奴の自慢話にはうんざりだよ。
★ big talk 自慢話、ほら話

☐ **I'm tired** of doing the same job every day.
毎日同じ仕事ばかりで飽きました。

☐ **I'm tired** of being treated like this.
こんな扱いを受けるのはうんざりだ。
★ treat ～を扱う

☐ **I'm tired** of riding packed trains.
もう満員電車に乗るのはうんざりです。
★ packed train 満員電車

☐ **I'm tired** from overwork last week.
先週働きすぎて疲れてる。

☐ **I'm tired** from working overtime every day.
毎日残業で疲れてるよ。
★ work overtime 残業する

☐ **I'm** still **tired** from summer.
夏の疲れがまだ抜けない。

Exercise! こんなとき、なんと言う?

> I'm sorry. The train and the bus were delayed.
> ごめん。電車とバスが遅れちゃってさ。

> ☐ ☐ ☐ ☐ **excuses.**
> あなたの言い訳にはうんざりだわ。

回答例：**I'm tired of your** excuses.

Phrase 67

I'm used to ~
~には慣れている

I'm used to this job.
≫この仕事には慣れています。

➡ 〈I'm used to + 名詞／動名詞~〉は「**~に慣れている**」という意味のフレーズです。
"**I'm used to her complaints.**"「彼女の愚痴には慣れています」
"**I'm used to cooking alone.**"「一人で料理するのに慣れています」
〈**used to**+動詞の原形〉「よく~したものだ」との区別に注意。

➡ 否定形の〈**I'm not used to** + 名詞／動名詞~〉「**~に慣れていない**」の方が実際の使用頻度は高いと思われます。
"**I'm not used to it.**"「それにはまだ慣れていません」
"**I'm not used to living in the city.**"
「都会暮らしにはまだ慣れない」

あなたのための「伝わる」一言

- [ ] **I'm used to** his long talks.
  彼の長話には慣れてますよ。

- [ ] **I'm used to** getting up early.
  早起きには慣れてます。

- [ ] **I'm used to** waiting for her over thirty minutes.
  彼女を30分以上待つのは慣れています。

- [ ] **I'm not used to** public speaking.
  人前で話すのは慣れていないんです。

- [ ] **I'm** still **not used to** driving a car.
  車の運転にはまだ慣れてません。

- [ ] **I'm not used to** talking with girls.
  女の子と話すのに慣れてないんです。

- [ ] **I'm not used to** speaking English.
  英語を話すのは慣れてないんですよ。

Exercise! こんなとき、なんと言う?

☐ ☐ ☐ to this ☐ . Will you wait a little longer? このコンピュータに慣れてないんだ。もう少し待ってくれる?

It's okay. I'm already used to waiting.
いいですよ。私はもう待つのに慣れてますから。

回答例:I'm not used to this computer.

Phrase 68

I'm ready 〜
〜の準備ができている

I'm ready to start.
》出発の準備はできてます。

➡ 〈I'm ready + to不定詞〜〉は「〜する準備ができている」という意味のフレーズです。心の準備や覚悟を表すときにも使います。
"I'm ready to go."「もう行けますよ」
"I'm not ready to retire."「まだ引退しませんよ」
toの後ろには動詞の原形が続きます。

➡ 後ろに名詞を置く場合は〈I'm ready / not ready for + 名詞〉です。準備、心の準備、覚悟など、意味はto不定詞の場合と同じです。
"I'm ready for action."「動く準備はできてます／後はやるだけだ」
"I'm not ready for the exam."「試験の準備はできていません」

あなたのための「伝わる」一言

- **I'm ready** to order.
  もう注文できます。／注文お願いします。

  ❗ レストランなどで。

- **I'm ready** to believe the worst.
  最悪の事態は想定済みです。

- **I'm ready** for anything.
  何でも来いだ。／何でもお任せください。

- **I'm ready** for the presentation.
  もうプレゼンの準備はできています。

- **I'm ready** to deal with the matter.
  その問題に対処する準備はできています。
  ★ deal with ~ ~に取り組む、~を解決しようとする

- **I'm ready** to throw in the towel.
  もうお手上げだよ。／いつでもタオルを投げるよ。

  ❗ ボクシングで「タオルを投げる=棄権する」から。

- **I'm not ready** to make a decision on this.
  この件でまだ決定する段階ではありません。

  ★ make a decision (on ...) (…に関して) 決定する

Exercise! こんなとき、なんと言う?

| | | | | | something new. |

私は常に新しいことを学ぶつもりでおります。

I know. But you hate being taught by others, do you? わかってるよ。でも君は人から教わるのが嫌いだよねぇ。

回答例：I'm always ready to learn something new.

Phrase 69

I'm eager to ~
ぜひ〜したい

> **I'm eager to try.**
> 》ぜひ、やってみたい。

→ 〈be eager to + 動詞の原形〉は want to よりも意味が強く、「**ぜひ〜したい**」と「**現時点での強い願望**」を表すフレーズです。
"I want to go abroad."「海外に行きたい」（漠然と行きたい）
"I'm eager to go abroad."「ぜひ、海外に出たいです」（今すぐにでも、ぜひ行きたい） to の後ろには動詞の原形が続きます。

→ 相手に「**他者の強い願望**」を伝えるときにも便利なフレーズです。
"She's eager to date you."「彼女は君とデートしたがってるぞ」
"He's eager to know about your sister."
「やつは君の妹のことをとても知りたがっている」

あなたのための「伝わる」一言

☐ **I'm eager to** see you again.
ぜひ、またお会いしたいです。

> ❗ メールの最後などに。

☐ **I'm eager to** marry again!
再婚したいんです!

☐ **I'm eager to** have another chance.
別の機会を得たいと思います。

★ start work (on…) (…に) 着手する

☐ **I'm eager to** start work on this project.
私はこのプロジェクトに (一刻も早く) 着手したい。

☐ **She's eager to** know about the working conditions.
彼女はその労働条件についてとても知りたがっています。

★ working conditions 労働条件

☐ **He's** always **eager to** please his boss.
あいつはいつも上司に気に入られようとしてやがる。

★ please 〜を喜ばせる、〜の機嫌を取る

☐ **I'm not eager** to go drinking with my coworkers.
あまり同僚と飲みに行きたい方ではないんです。

★ coworker 同僚

Exercise! こんなとき、なんと言う?

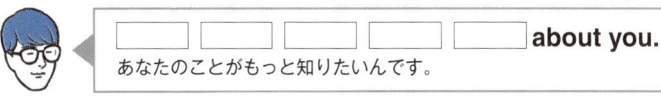

| | | | | | about you.
あなたのことがもっと知りたいんです。

Okay. But tell me all about yourself first.
いいわよ。でもその前にあなたの全てを白状してね。

回答例:I'm eager to know more about you.

その英語、ちょっとヘンです！

ここでは日本人がよく使う「ちょっとヘンな英語」を紹介します。日本語で考えたことをそのまま「英語に直そう」とするとき、つい間違ってしまうことが多いようです。正しい表現を確認しましょう。

Nice to meet you.
お会いできてうれしいです。

> ❗ これ自体は正しい英語ですが、初対面の相手にしか使えません。前に会ったことがある人に"Nice to meet you."と言ってしまうと、相手は"Is this the first time?"（えっ、初めて？）と戸惑うでしょう。二度目以降は"Nice to see you again."と言いましょう。meetは基本的に「出会う、初めて会う」という意味です。

Can you speak Japanese?
あなたは日本語が話せますか。

> ❗ canは「能力」を表す言葉なので、これでは「あなたは日本語を話す能力がありますか」という意味になり、少し失礼です。
> "Do you speak Japanese?"と聞けば、相手の「能力」ではなく、話す「習慣」があるかをたずねることになるのでより適切です。
> → × Can you eat *natto*? ○ Do you eat *natto*?「あなたは納豆を食べられますか」

I'll help the work.
その仕事、手伝いますよ。

> これは文法的に問題があります。helpの目的語、つまり「助けられる」のは物ではなく人なので、help the workは間違いです。
> 正しくは"I'll help you with the work."です。
> help A（人）with B（事柄）で「BのことでAを助ける／AのBを助ける」という意味。

What time did you sleep last night?
あなたは昨夜何時に寝ましたか。

> これでは「何時に就寝したか」「どれくらいの睡眠時間か」のどちらを聞かれているかわかりません。以下のようにたずねましょう。
> "What time did you go to bed last night?"「あなたは昨夜何時に就寝しましたか」
> "How long did you sleep last night?"「あなたは昨夜どれくらい睡眠を取りましたか」

Please come on time for the next meeting.
次回の会議は時間通りに来てください。

> 「時間通り」に来てほしいとき、「開始時刻ちょうど=on time」ではなく、「開始時刻までには=in time」来てほしいはずです。例文のようにon timeを使うと相手は「少しも早めに行ってはだめなの？」と戸惑います。
> "Please come in time for the next meeting."「時間内に=in time」と伝えましょう。

◀75)))

| Phrase 70 | It would be better if ～
～した方がいいです |

It would be better if you tried. 》やってみた方がいいですよ。

➡「～した方がいい」と主張や助言をしたいときに便利なフレーズです。had better ～ や It is better if ～ よりも**間接的で柔らかく聞こえる**のもこのフレーズの利点。以下、他との比較です。
You had better go home. →直接的で命令調にも聞こえます。
It is better if you go home. →まだ配慮の余地がある感じです。
It would be better if you went home. →十分な配慮が感じられます。ifの後ろには〈主語 + 動詞の過去形〉がきます。

➡このように長いフレーズは「**次を考えるための時間稼ぎ**」となり、すぐに英語が出てこない人にもお勧めです。

あなたのための「伝わる」一言

- **It would be better if** you used the subway.
  地下鉄を使った方がいいですよ。

- **It would be better if** you took a rest.
  お休みになった方がよろしいですよ。

- **It would be better if** you talked less.
  口数を減らした方がいいですよ。

- **It would be better if** you were here.
  あなたがここにいればもっといいんですが。

- **It would be better if** we discussed this again.
  またこれについて話し合えるといいのですが。

- **It would be better if** you tried to enjoy your work.
  仕事を楽しむように努めてみたらどうですか。

- **It would be better if** we didn't see each other anymore.
  私たちはもう会わない方がいいね。

Exercise! こんなとき、なんと言う?

It ___ ___ ___ if ___ ___ more frankly.
もっと率直に話した方がいいんじゃないかな。

I see .... Go to hell!
分かりました…。地獄へ落ちろ!

回答例:It would be better if you spoke more frankly.

Phrase 71 I'd appreciate it if ～
～だとありがたいのですが

I'd appreciate it if you could help me.
》お手伝いいただけるとありがたいのですが。

➡ **とても丁寧なお願いの仕方**で、ビジネスや目上の人との会話、メールで頼みにくいことを伝えるときなどによく使われます。
I'dは **I would**の短縮形で、**if**の後ろは**could[would]+動詞の原形**を使うのが一般的です。

➡ 日本語の「～していただけるとありがたいのですが」とよく似ている表現です。appreciateは「～を正しく評価する、～をありがたく思う」という意味で、**if**～「～していただけると」、**I'd appreciate it**「そのこと（it=if～）をありがたく思います」という組合せになっています。**I'd appreciate it if**も「**時間稼ぎ**」に使えますね。

あなたのための「伝わる」一言

☐ **I'd appreciate it if** you would come.
お越しいただけるとありがたいです。

☐ **I'd appreciate it if** you could reply soon.
すぐにご返事をいただけますと幸いです。

★ reply 返事をする

☐ **I'd appreciate it if** you would stop talking.
おしゃべりをやめていただけますか。

☐ **I'd appreciate it if** you would agree to my plan.
私のプランにご承認をいただけますと幸いです。

☐ **I'd appreciate it if** you didn't smoke.
タバコをお控えいただけますか。

☐ **I'd appreciate it if** we could reschedule the meeting.
会議の予定を再設定できるとありがたいのですが。

★ reschedule 予定を改める

☐ **I'd appreciate it if** we could keep this between us.
これは内密にしていただけるとありがたいです。

Exercise! こんなとき、なんと言う？

☐ ☐ ☐ if you ☐ check my ☐ within a week.
一週間で私の報告書をご確認いただけるとありがたいのですが。

Sure. I'll do it by Thursday.
いいですよ。木曜日までにやりましょう。

回答例：I'd appreciate it if you could check my report within a week.

Phrase 72

I take the liberty of ～
勝手ながら～

> **I took the liberty of ordering for you.**
> 》勝手ながらあなたの分も注文しました。

➡ **liberty**は「自由」という意味ですが、**take the liberty of ～ing**は「（自分の判断で）勝手ながら～する」という意味です。
take the liberty of の後ろは動名詞が続きます。

➡ 例えば、食事会に遅れてくる人の分も先に注文しておいた場合、下の例のように声をかけると丁寧で配慮が感じられますね。
"**I ordered for you.**"「あなたの分も注文しておきました」
"**I took the liberty of ordering for you.**"
「勝手ながらあなたの分も注文しておきました」
ただし、"**He takes too many liberties.**"「彼は勝手にやりすぎる」
のように「勝手さ」を表す場合もあるので注意しましょう。

あなたのための「伝わる」一言

- [ ] **I have taken the liberty of** writing to you.
  勝手ながらメールをお送りいたします。
  ❗ 初めてメールするときなどに。

- [ ] **I'm taking the liberty of** telling you this.
  失礼ながらこのことをお伝えいたします。

- [ ] **I took the liberty of** sending you a copy.
  勝手ながらあなたにコピーをお送りしました。

- [ ] **I took the liberty of** telling him about the position.
  勝手ながら彼にその仕事について伝えました。
  ★ position 役職

- [ ] **I have taken the liberty of** visiting your blog.
  勝手ながらあなたのブログを拝見しました。

- [ ] **I have taken the liberty of** preparing a proposal.
  勝手ながら提案書をご用意しました。
  ★ proposal 提案

- [ ] **I'm taking the liberty of** forwarding his note to you.
  勝手ながら彼のメールをあなたに転送いたします。
  ★ forward 転送する

Exercise! こんなとき、なんと言う？

☐ ☐ ☐ ☐ ☐ ☐ your dictionary. 勝手ながらきみの辞書を使わせてもらったよ。

That's okay. Do you need a magnifying glass?
かまいませんよ。ルーペも使いますか。

回答例：I took the liberty of using your dictionary.

◀78))

Phrase 73

It's time to ～
～する時間です

It's time to say goodbye.
≫お別れの時間です。

➡ **何かを始めたり、状況を変えたいとき**などに便利なフレーズです。
"It's time to go."「行く時間ですよ」
"It's time to stop talking."「おしゃべりをやめる時間です」
to の後ろには必ず動詞の原形が続きます。

➡ aboutや high、a goodなどをつけると表現に幅が出ます。
"It's about time to leave."「そろそろお暇する時間です」
"It's high time to go to bed."「もうとっくに寝る時間だよ」
"It's a good time to start."「始めるにはいい時間だね」

あなたのための「伝わる」一言

☐ **It's time to** make a decision.
決断のときです。

★ make a decision 決断を下す

☐ **It's time to** move on.
動き出すときです。

★ move on 動きだす、次に進む

☐ **It's time to** do away with the old system.
その古い仕組みを廃止するときです。

★ do away with 〜を廃止する

☐ **It's** about **time to** get back to work.
そろそろ仕事に戻る時間です。

★ get back to work 仕事に戻る

☐ **It's** a good **time to** start something new.
何か新しいことを始めるにはいいときです。

☐ **It's** a good **time to** change the subject, don't you think?
そろそろ話題を変えるのにいい頃だと思いませんか。

☐ **It's** not a good **time to** quit your job.
今は仕事を辞める時期じゃないですよ。

Exercise! こんなとき、なんと言う?

| | | | | home. |

もう帰らないと。

OK. But don't forget your shoes, Cinderella.
そうだね。でも靴を忘れちゃだめだよ、シンデレラ。

回答例:It's time to go home.

Phrase 74

every time ~
〜のたびに

> **Every time** I hear that song, I remember her.
> 》その歌を聞くたびに、彼女を思い出す。

➡ 〈Every time ~ , ...〉は〈Whenever ~ , ...〉と同様、「~するたびに…する」「~すると必ず…する」という意味になります。
"**Every time I see** her, my heart pounds."
(=**Whenever I see** her, my heart pounds.)
「彼女に会うたびに(会うと必ず)、胸がドキドキする」
この場合every timeはwhenやif、asなどと同様に接続詞として働くので、後ろは〈主語 + 動詞〉が続きます。

➡ 〈... every time ~〉の順番でも意味は変わりません。
"The furniture shakes every time a truck goes by."
「トラックが通るたびに家具が揺れる」

あなたのための「伝わる」一言

☐ **Every time** I go out, it rains.
私は出かけるたびに、雨が降るんですよ。

☐ **Every time** I ask him, he says something different.
訊くたびに、彼は違うことを言う。

☐ **Every time** he opens his mouth, I'm disgusted.
あいつが口を開くたびに、ムカつくんだよ。　★ be disgusted ムカつく、うんざりする

☐ **Every time** we have a private talk, our boss horns in.
プライベートの話題になると必ず、上司が話に入りたがる。

★ horn in 割り込む

☐ **Every time** my mother sees me, she tells me to get married.
母は会うたびに結婚しろと言う。

★ get married 結婚した

☐ **Every time** I see my daughter smile, it makes me happy.
娘の笑顔を見るたびに、幸せな気持ちになります。

Exercise! こんなとき、なんと言う?

Doctor, ☐ ☐ ☐ ☐ in the mirror, I feel like throwing up.　先生、鏡を見るたびに吐き気がするんです。

I don't know what's wrong with you, but your eyesight is perfect!
どこが悪いかわかりませんが、視力は完璧です。

回答例:Doctor, every time I look in the mirror, I feel like throwing up.

Phrase 75

It depends ~
それは〜によります

> **It depends** on the situation.
> ≫それは状況によります。

➡ 〈It depends on + 名詞〉で「それは〜次第です」「〜で決まります」など、**物事を大きく左右することや条件**を伝える表現です。
"It depends on your effort."「それは君の努力次第だよ」
"It depends on the weather."「お天気次第ですね」

➡ 〈It depends (on) + 疑問詞 + 主語 + 動詞〜〉もよく使われます。
"It depends on what you think."「あなたがどう考えるかですよ」
後ろが疑問詞の場合、depends on の on はよく省略されます。
"It depends (on) how much the price is."
「それは値段がいくらかで決まります」

あなたのための「伝わる」一言

- [ ] **It depends. / That depends.**
  それは場合によります。

  > どちらも同じ意味で、状況や条件を特定しにくいときに使えます。

- [ ] **It depends** on the results of the survey.
  それは調査結果によります。

  ★ survey 調査

- [ ] **It** all **depends** on you.
  それは全てあなた次第ですよ。

- [ ] **It depends** on your way of thinking.
  それは君の考え方次第だよ。

- [ ] **It depends** on how things go.
  それは物事の展開次第だな。

- [ ] **It all depends** on how you look at it.
  あなたがそれをどう見るかによります。

- [ ] **It depends** on what you want to do in the future.
  それはあなたが将来何をしたいかによります。

Exercise! こんなとき、なんと言う?

Do you think our plan will be approved?
我々の案は通ると思いますか。

Maybe. ☐ ☐ ☐ ☐ **your presentation.** たぶんね。全て君のプレゼン次第だよ。

回答例:It all depends on your presentation.

Phrase 76

have no choice but ~
~するしかない

I **have no choice but** to try.
>> やってみるしかありません。

➡ もう**他に手段や方法がない場合**によく使われるフレーズです。
"I have no choice but to wait here."「ここで待つしかない」
→ but は「~以外」、have no choice は「選択肢がない」
なので、「~する以外にない」「~するしかない」となります。

➡ but の後ろは必ず to 不定詞になります。
"I have no choice but <u>to apologize</u>."「謝るしかありません」
"We had no choice but <u>to give up</u> the plan."
「私たちはその計画をあきらめざるをえなかった」
フレーズ32の I can't help ~. でもほぼ同じ意味が表せます。

あなたのための「伝わる」一言

☐ I **have no choice but** to do it.
それをやる以外にありません。

☐ I **have no choice but** to accept the proposal.
その提案を受け入れるしかありません。

★ proposal 提案

☐ I **had no choice but** to say, "I'll do it."
「私がやります」と言うより他なかった。

☐ You **have no choice but** to give it up.
君はそれをあきらめるしかないよ。

☐ We **have no choice but** to follow the company's new policy.
我々は会社の新しい方針に従わざるをえない。

☐ I **had no choice but** to sue my ex-wife.
私は前妻を訴えるしかなかった。

❶ ex- は「前の」「元の」
→ ex-prime minister 元首相

☐ We **have no choice but** to cope with this.
私たちはこれに対処するしかありません。

★ cope with
〜に対処する

Exercise! こんなとき、なんと言う?

> There's no bus service, and no taxi ...
> バスもないし、タクシーもないし…

That means ☐ ☐ ☐ ☐ ☐ ☐
☐ . ということは、歩くしかないですね。

回答例：That means we have no choice but to walk.

Phrase 77

What I'm saying is 〜
要するに〜

> **What I'm saying is** I'm OK.
> 》要するに、私は大丈夫だってことです。

➡ 〈What I'm saying is (that) + 主語 + 動詞〜〉は「私が言いたいのは〜」「要するに〜」というように、**自分が言いたいことを要約**したり、**強調**したりするときに使うと便利なフレーズです。
"What I'm saying is (that) you should work harder."
「私が言いたいのは、あなたはもっと努力すべきだってことです」

➡ 今一つ言いたいことが相手に伝わっていないように感じるときに、"What I'm saying is that ..." と言いながら、**自分が考える間を取る**こともできます。相手も「よし聞かなければ」と思うでしょう。isの直後のthatは省略できます

あなたのための「伝わる」一言

☐ **What I'm saying is** I'm worried about it.
要するに、私はそのことについて心配しているのです。

☐ **What I'm saying is** it's up to you after all.
私が言いたいのは、それは結局あなた次第だということです。

☐ **What I'm saying is** she handled the situation very well.
★ handle 扱う、対処する
要するに、彼女はその状況に見事に対処したんです。

☐ **What I'm saying is** we are not each other's enemy.
★ enemy 敵
いいですか、私たちは敵同士じゃないんですよ。

☐ **What I'm saying is** you should be more careful with your words.
要するに、あなたは自分の言葉にもっと注意すべきなんです。

☐ **What I'm saying is**, is it morally right?
私が言いたいのは、それが道徳的に正しいのかということです。

★ morally 道徳的に、モラル上

Exercise! こんなとき、なんと言う?

So, what's your point?
それで、君は何が言いたいんだい?

| | | | | | **no choice** |
but to follow my order.
要するに、あなたは私の命令に従うしかないの。

回答例：What I'm saying is you have no choice but to follow my order.

Phrase 78

thanks to ~
~のおかげで

Thanks to your help, I finished everything.
>> あなたが助けてくれたおかげで、全て終えました。

➡ 事の成行きや結果について、その**原因・理由を表す**フレーズです。良いことだけでなく、**悪いことにも使うので注意**してください。
"Thanks to good luck, I won the game."「幸運のおかげで、試合に勝ちました」**"Thanks to stress, he fell ill."**「ストレスのせいで、彼は病気になりました」
thanks to の後には必ず名詞が続きます。

➡ 他者や他者の援助などに**感謝**を表す場合にもよく使われます。
"Thanks to his help, I was able to finish the work."
「彼が助けてくれたおかげで、私はその仕事を終えることができた」

あなたのための「伝わる」一言

☐ **Thanks to** my wife, I'm able to live comfortably.
妻のおかげで、快適に暮らせてます。

☐ **Thanks to** them, we've finally finished this.
彼らのおかげで、我々はついにこれを終えた。

☐ **Thanks to** your advice, I'm more confident.
あなたの助言のおかげで、より自信がつきました。

☐ **Thanks to** the heavy rain, the trains had all stopped.
大雨のせいで、電車が全て止まってしまった。

☐ **Thanks to** bad weather, the plane will be delayed two hours.
悪天候のせいで、飛行機は2時間遅れています。

☐ **Thanks to** the new manager, everything is going wrong.
新しいマネージャーのせいで、全てがおかしくなってるよ。

★ go wrong
（物事が）おかしくなる

Exercise! こんなとき、なんと言う?

☐☐☐☐☐, we've got our own house.
オレが一生懸命働いたおかげで，マイホームを手にしたな。

No. That's because my parents gave us money.
いいえ。それは私の両親がお金をくれたからよ。

回答例：Thanks to my hard work, we've got our own house.

「使える」慣用表現 46

本書に出てくる慣用表現のうち、特に便利な46個を集めました。
実際に取り扱われている例文とページも掲載しているので、気になる表現はぜひ振り返ってみてください。

01 agree with[to] ～　　～に同意する

P67　I have to agree with her.
P171　I'd appreciate it if you would agree to my plan.

02 apologize to A for B　　BのことでAに謝る

P67　I have to apologize for my misunderstanding.

03 ask ～ out　　～をデートに誘う

P77　I'd like to ask you out.

04 at a time　　一度に

P93　If only problems would come one at a time!

05 be disappointed　　がっかりした

P127　She might have been disappointed.

06 be in trouble　　困っている

P53　Let me know if you are in trouble.
P142　I'm in deep trouble.

07 be[get] promoted — 出世する

P63 I hope to be promoted soon.

08 call it a day — (仕事などを) 終わりにする

P57 Why not call it a day and have a beer?

09 come up with ~ — ~を思いつく

P27 How did you come up with that idea?

10 complain about ~ — ~について不平を言う

P139 My wife would complain about my low salary.

11 deal with ~ — ~を扱う、~に対処する

P73 How should I deal with this problem?
P163 I'm ready to deal with the matter.

12 do ~ a favor — ~の頼みを聞く

P59 Would you do me a favor?
P101 I was wondering if you could do me a favor.

13 do away with ~ — ~を廃止する

P175 It's time to do away with the old system.

14 eat out — 外食する

P109 Do you feel like eating out for lunch?

15 feel sorry for ~	**~を気の毒に思う**
P83 I can't help feeling sorry for him.	

16 for a while	**少しの間、しばらく**
P53 Let me think about it for a while. P77 I'd like to be alone for a while.	

17 get a bite	**軽く食べる**
P51 Do you wanna get a bite?	

18 get a grip (on ~)	**落ち着く、(~を) 把握する**
P59 Would you get a grip?	

19 get involved in ~	**~に巻き込まれる、関わる**
P71 You don't have to get involved in this. P109 I don't feel like getting involved in that job.	

20 give ~ a discount	**値引きする**
P11 Could you give me a discount?	

21 give ~ a hand	**~を手伝う**
P10 Could you give me a hand? P15 Excuse me. Could you give me a hand?	

22 give ~ a ride	**~を車で送る**
P101 I was wondering if you could give me a ride.	

23 go too far	**度が過ぎる**
P127　He might have gone too far.	
24 go wrong	**（物事が）おかしくなる**
P185　Thanks to the new manager, everything is going wrong.	
25 in[of] two minds	**迷っている**
P143　I'm in two minds about marrying her.	
26 instead of ～	**～の代わりに**
P95　What if I say "no" instead of "yes"?	
27 know better	**分別がある**
P125　I should have known better.	
28 learn to ～	**～できるようになる**
P27　How did you learn to play the guitar?	
29 lose[gain] weight	**やせる [太る]**
P69　I need to lose some weight.	
30 make a decision	**決定する、決断を下す**
P163　I'm not ready to make a decision on this. P175　It's time to make a decision.	

31	**make excuses**	言い訳する
P71	You don't have to make excuses!	

32	**make fun of ～**	～をからかう
P83	I can't help making fun of him.	

33	**make sure of ～**	～を確認する
P77	I'd like to make sure of the starting time.	

34	**move on**	動き出す、次に進む
P175	It's time to move on.	

35	**on one's mind**	気になっている
P115	Tell me what's on your mind.	

36	**on one's side**	～の味方、～の側に
P147	I'm always on your side.	

37	**pick up**	改善する
P151	I'm sure that the economy will pick up.	

38	**play a role**	役割を果たす
P75	I want her to play an important role.	

39 purchase ~ online | ネットで~を購入する

P121 I never thought this could be purchased online.

40 push oneself | 無理をする

P69 You don't need to push yourself.

41 so far | これまでのところ

P25 How's it going so far?
P31 So far, so good, I'm glad to say.

42 take a rest | 休む

P56 Why don't you take a rest?
P169 It would be better if you took a rest.

43 take place | 行われる、起こる

P103 Do you know where the game will take place?

44 think twice | 考え直す

P45 That's why you have to think twice.

45 work overtime | 残業する

P71 You don't have to work overtime.
P139 I would work overtime in those days.
P159 I'm tired from working overtime every day.

46 worry about ~ | ~のことを心配する

P83 I can't help worrying about her.

● 著者紹介

伊藤 太 [いとう ふとし]

株式会社Weness代表取締役社長、一般社団法人グローバル教育研究所理事。予備校の英語講師、一部上場企業管理職等を経て、現職。講師時代には、東大入試の英語長文問題を的中。現在は、全国の大学・高校、企業、専門学校等に対し、グローバル教育、英語教育、組織改革等に係るコンサルティング、研修等のサービスを提供。日本英語検定協会公式Podcast番組に出演。同協会公式学習サイト「英ナビ！ 英検対策講座1級」執筆。

Gary Scott Fine [ゲーリー・スコット・ファイン]

東海大学高輪教養教育センター教授。主な研究テーマはエンターテイメントメディアを通じた第二言語習得。NHK Eテレ「ニュースで英会話」出演、「リトル・チャロ2」「同4」「プレキソ英語」監修。NHKラジオ「英会話入門」「英会話上級」執筆・監修。通信講座「1000時間ヒアリングマラソン」（アルク）執筆・出演、『CNN ENGLISH EXPRESS』（朝日出版社）執筆など幅広く活躍。

- ●デザイン────田中小百合（osuzudesign）
- ●DTP────────株式会社秀文社
- ●イラスト────栗生ゑゐこ　YAGI
- ●音源制作─────一般財団法人 英語教育協議会（ELEC）
- ●ナレーション──Howard Colefield　Hannah Grace　中島智彦　水月優希
- ●編集協力─────株式会社一校舎

基本の78パターンで英会話フレーズ800

- ●著　者────伊藤 太／Gary Scott Fine
- ●発行者────若松 和紀
- ●発行所────株式会社西東社

〒113-0034 東京都文京区湯島2-3-13
電話　03-5800-3120（代）
URL　https://www.seitosha.co.jp/

本書の内容の一部あるいは全部を無断でコピー、データファイル化することは、法律で認められた場合をのぞき、著作者及び出版社の権利を侵害することになります。第三者による電子データ化、電子書籍化はいかなる場合も認められておりません。
落丁・乱丁本は、小社「営業」宛にご送付ください。送料小社負担にて、お取替えいたします。

ISBN978-4-7916-2169-9